HARA

FLAMINGOS

ZAUBERHAFTE VÖGEL AFRIKAS

westermann

Für meine Mutter Anabel
und Ron, der an mich glaubte.
Für Ernie, der mich in kritischen
Momenten unterstützte,
und vor allem für Bill, der mir Afrika
zeigte und damit mein Leben veränderte.

Die Deutsche Bibliothek – CIP-Einheitsaufnahme

Flamingos: zauberhafte Vögel Afrikas/Hara.
[Übers. aus dem Engl.: Simone Wiemken].–
Braunschweig: Westermann, 1993
Einheitssacht.: Flamingo <dt.>
ISBN 3-07-509608-3

Originaltitel: "Flamingo. A Photographer's Odyssey"

Originally published in the English language
in 1992 by Harry N. Abrams, Inc.

Übersetzung aus dem Englischen:
Simone Wiemken

ISBN 3-07-509608-3

Inhalt

11 Die rosa Insel

17 Eine richtige Safari

27 Träume und Rückschläge

41 Zauber einer Legende

61 Im Busch

73 Tanz mit dem Teufel

91 Konfrontation am Shombole

113 Ende eines Traumes

127 Anhang

128 Ausgewählte Literatur

128 Danksagungen

In der Ferne
bot sich uns ein erstaunlicher Anblick.
Als wir uns näherten,
wurde das Bild klarer.
Ich traute meinen Augen nicht –
eine rosa Insel, wie eine Fata Morgana.
Eine Million Flamingos,
die die karge Wüste
mit einem rosa Schimmer überzogen.
Etwas so Schönes
hatte ich in meinem Leben
noch nicht gesehen.

Die rosa Insel

Die rosa

Flamingos!“
Ich lehnte mich in meinem Sitz nach vorn, denn ich war nicht sicher, ob ich ihn bei dem Motorengeräusch der Cessna richtig verstanden hatte.

„Was?“

„Flamingos!“ wiederholte Herman Steyn, der Buschpilot, lauter und drehte sich halb um, um meinen Gesichtsausdruck zu sehen.

Auf dem See vor uns war ein zartrosa Schimmer zu sehen. Flamingos? Mitten im großen Rift Valley? Von einigen salzverkrusteten Seen einmal abgesehen, ist das Ostafrikanische Grabensystem – das sich wie eine gezackte Narbe tausend Meilen durch den Osten Afrikas erstreckt – eine Wüste aus erloschenen Vulkanen, rauhen Felsen und unerträglichen fünfzig Grad Hitze. Wie sollten empfindliche Vögel wie die Flamingos ausgerechnet hier überleben können?

Herman bediente die Steuervorrichtungen, und wir flogen dichter heran. Jetzt war die rosa Erscheinung so deutlich, daß es aussah, als hätte eine unsichtbare Hand Millionen Blütenblätter von Rosen auf die glasglatte Oberfläche des Natronsees gestreut.

„Können wir näher heran?“ fragte ich.

Herman lächelte und ließ die kleine Maschine, einen einsamen Metallpunkt in der unendlichen Weite des afrikanischen Himmels, im Kreis sinken. Die Kreise wurden enger, als wir uns unterhalb der vulkanischen Krater befanden, und nun verschmolzen diese rosaroten Körper zu einer Einheit, die sich in der Oberfläche des Sees spiegelte. Die Szene hatte etwas Unwirkliches; eine schimmernde Fata Morgana, hervorgerufen durch die vom See reflektierte Hitze. Plötzlich wurde das Bild scharf, und aus dem rosa Schimmer wurde eine unvorstellbare Masse lebender Vögel.

Als wir die erste Runde hinter uns hatten, lehnte ich mich zu Herman vor. „Das ist das

Sie schienen über dem Wasser zu schweben …

Insel

Tollste, das ich je gesehen habe! Können wir noch einmal darüber hinwegfliegen?“

Er flog eine enge Wende, bei der das Flugzeug so stark abkippte, daß ich genau auf die Kolonie hinuntersehen konnte. Ich drückte die Kamera an meinen Körper, um die Vibrationen des Motors abzufangen, und schaute nur noch durch den Sucher. Ich sah eine große rosa Wolke durch den Himmel schweben, ohne jede Verbindung zu Himmel oder Erde. Der Motorantrieb der Kamera klickte an meiner Wange, während ich Bild um Bild schoß.

„Dort sind noch mehr“, sagte Herman und deutete mit einer Kopfbewegung auf die etwa zwölf Kilometer entfernte andere Seite des Sees. Er beschleunigte und flog auf den rosa Schleier in der Ferne zu. Als wir uns näherten, dicht über dem Wasser, breiteten etwa ein Dutzend Flamingos ihre leuchtend rot gestreiften Flügel mit den schwarzen Rändern aus, rannten über das Wasser und erhoben sich dann mit heftigen Flügelschlägen in die Luft. Es tat mir sehr leid, sie so erschreckt zu haben, doch ihre Schönheit war unwiderstehlich. Lang und schlank wie Pfeile glitten diese großen Vögel über das Wasser, und ihre Flügel streichelten den Wind.

… wie rote Pfeile

Wir flogen eine weitere Wendung, und der Blick durch den Sucher der Kamera auf die Mischung von Himmel, Wasser und Rosa gab mir das Gefühl, schwerelos im Raum zu treiben. Flamingos glitten ins Bild und verschwanden wieder, so daß nur das blaue Panorama zurückblieb.

Auf einmal wurde das Dröhnen des Motors merkwürdig leise, und die einzigen Laute, die ich noch hörte, waren mein Herzschlag und das Rascheln der Federn in der Luft. Ich hatte das Gefühl, in einen riesigen, azurblauen Pool zu stürzen, in ihn einzutauchen: Luftblasen umgaben mich, kamen von oben und von

Die rosa Insel

unten und strichen über mein Gesicht. Ich war untergetaucht, ein schwereloser Zuschauer bei einem wundervollen Wasserballett aus Karminrot, Weiß und Blau. Dann schien ich aus der Tiefe zurückzukommen, näherte mich der Oberfläche, zögerte aber, weil ich dieses Gefühl von Schwerelosigkeit nicht verlieren wollte.

Ein hartes Herumwirbeln des Flugzeugs brachte mich in die Wirklichkeit zurück. Es folgte ein lautes Krachen, und weiße Gischt spritzte auf. Wir waren mit irgend etwas kollidiert. Ich wurde nach vorn geschleudert. „Mein Gott“, dachte ich, „wir sind aufs Wasser aufgeschlagen.“ Herman riß das Flugzeug vom See hoch und ließ es steigen. Zwischen uns herrschte eine Sekunde lang beklommenes Schweigen. Dann drehte Herman sich in seinem Sitz um, die Knöchel seiner Hände, mit denen er den Steuerknüppel umklammerte, waren weiß.

„Wir könnten beide tot sein“, sagte er.

Ich schluckte mit trockenem Mund und nickte. „Ja, ich weiß“, dachte ich und versuchte, die Angst zu verdrängen. „Ich weiß. Aber diese Flamingos … Haben Sie diese Flamingos gesehen?“

Wieder zurück auf dem Flugplatz von Nairobi, schauten Herman und ich uns das Flugzeug an. Das Fahrgestell und die Unterseite des Rumpfes waren mit einem weißen Pulver verkrustet. Wir hatten das Wasser mit einem Rad getroffen und die Unterseite mit einer Ladung Salz bespritzt. Herman, bleich vor Schreck, brach das Schweigen: „Unser kurzer Kontakt mit dem See war so etwas wie der Aufprall auf Beton mit einer Geschwindigkeit von 240 Stundenkilometern. Eigentlich hätte das Flugzeug in Stücke gerissen werden müssen.“ Er räusperte sich und erklärte, wie der Horizont in der Reflektion des Wassers verschwommen war – eine häufige Ursache von Flugzeugabstürzen in Afrika. Doch seine Stimme verschwand aus meinem Bewußtsein, und an ihre Stelle trat das Bild der Flamingos, wie sie sich leuchtend rot und weiß vom Blau des Sees abgehoben hatten.

In diesem Augenblick wurde mir klar, daß ich die Schönheit dieser Vögel einfangen und herausfinden mußte, wie sie es schaffen, in diesem Kessel des Rift Valley zu überleben – ich mußte diese Erfahrung mit ihnen teilen.

Ein weiterer Blick auf das salzverkrustete Flugzeug machte mir klar, daß ich unerhörtes Glück gehabt hatte. Was ich nicht wußte, war, daß meine Affäre mit den Flamingos wesentlich abenteuerlichere Formen annehmen sollte, als ich je vermutet hätte.

I

Eine richtige Safari

Eine richtige

Das Mikrofon klickte, und die Stimme des Flugbegleiters ertönte: „Meine Damen und Herren, wir sind soeben in Nairobi gelandet, der Hauptstadt der Republik Kenia. Bitte lassen Sie die Sicherheitsgurte angelegt, bis ..."

Ich entspannte mich in meinem Sitz. Ich hatte es geschafft. Über anderthalb Jahre hatte ich fast ständig an mein „Unternehmen Flamingo" gedacht.

Ich hatte nur sehr wenig Material über Flamingos finden können, und von denen, die sie fotografiert hatten, war noch weniger zu erfahren. Ich stellte jedoch fest, daß in Afrika zwei Arten vertreten waren, der Rosaflamingo und der Zwergflamingo.

Auf der ganzen Welt gibt es sechs Arten, die sich in Zeichnung, Größe, Ernährungsweise und Brutverhalten voneinander unterscheiden. Der Rosaflamingo und der Zwergflamingo sind die einzigen Arten, die ihren Lebensraum teilen, denn sie müssen nicht miteinander um Nahrung konkurrieren, obwohl sie beide ihre Nahrung im Wasser finden. Der leuchtend gefärbte, einen Meter fünfzig große Rosaflamingo (*Phoenicopterus ruber roseus,* was „rosenroter Flügel" bedeutet) sucht seine Nahrung dicht am Boden. Der Zwergflamingo (*Phoenicopterus minor,* früher: *Phoeniconaias)* schöpft Wasser dicht unter der Oberfläche. Die Artbezeichnung *minor* ist durchaus zutreffend, denn dieser Vogel ist sechzig Zentimeter kleiner als sein Verwandter. Der Zwergflamingo ist die zahlenmäßig stärkste Art und zudem der einzige echte Flamingo Afrikas, denn die Rosaflamingos kommen aus dem Norden zu den Seen im Rift Valley. Doch obwohl sie sich in Anzahl und Größe unterscheiden, leben diese eleganten Vögel in vollkommener Harmonie auf den flachen Salzseen Ostafrikas. Dort, in diesem unwirtlichen Lebensraum sind die Flamingos Vögel voller Geheimnisse geblieben, und ich war entschlossen, diese Geheimnisse zu lüften.

Der Flamingo mit seinem leuchtend rot und rosa gefärbten Gefieder hat die Menschen immer wieder fasziniert und bezaubert. Die erste bekannte Darstellung eines Flamingos wurde von einem Künstler der Steinzeit um 5000 v. Chr. in die Wand einer Höhle im Süden Spaniens geritzt. Die Ägypter verehrten den Flamingo als eine Verkörperung des Sonnen-

Safari

gottes Ra und verwendeten Zeichnungen dieses großen Vogels als Hieroglyphen-Symbol für die Farbe Rot.

Während des Mittelalters geriet der Flamingo weitgehend in Vergessenheit. Doch im Zeitalter der Entdeckungen wurden die Vögel in Afrika und Asien gefunden und schließlich auch im neuentdeckten Amerika.

Mein Ziel war es, die leuchtendrote Schönheit und königliche Eleganz der Flamingos auf dem blauen Wasser der ostafrikanischen Seen festzuhalten. Und deshalb machte ich mich daran, Vorbereitungen für eine Safari zu treffen. Da mir klar war, wie schwierig es sein würde, nahe genug an die Brutkolonien der Vögel heranzukommen, kam ich auf die Idee, es mit einem Boot mit geringem Tiefgang zu versuchen. Ich fand eine Firma in den Vereinigten Staaten, die ein Faltkanu im Programm hatte, das groß genug war für zwei Personen und eine Fotoausrüstung. Das zerbrechliche Kanu wurde nach Kenia gebracht. Perfekt, dachte ich. Soweit ich wußte, hatte noch nie jemand versucht, die Flamingos mit einem Boot zu erreichen. Warum wohl nicht? fragte ich mich. Es schien die naheliegendste Lösung zu sein.

Für Ausrüstung und Vorräte in Afrika verließ ich mich auf Herman Steyn, den Buschpiloten, mit dem ich einmal dem Tod so nahe gewesen war. Herman war bereit, mir eine komplette Safariausrüstung zu vermieten, einschließlich eines Toyota Landcruiser. Außerdem wollte er mir zwei seiner Angestellten und einen Koch mitgeben, die alle drei schon jahrelange Safarierfahrung hatten und alte Hasen im Busch waren. Zur Ausrüstung sollten unter anderem auch zwei butanbetriebene Kühlschränke gehören, einer für die dreihundert Rollen Film, die ich mitnahm, der andere für Lebensmittel und den Luxus, in der Hitze des Rift Valley ein kaltes Getränk genießen zu können. Ich begann, mich auf etwas zu freuen, was die Briten „eine richtige Safari" nannten.

Ich hatte Herman per Telex über meine Ankunft informiert, doch in der Empfangshalle des Flughafens von Nairobi suchte ich vergebens nach seinem freundlichen Gesicht. Er war nirgends zu sehen. Ich rief in seinem Büro an und erfuhr, daß er „verschwunden war, um gewissen Problemen aus dem Weg zu gehen".

„Und die Safariausrüstung?" fragte ich.

„Tut mir leid, seine ganze Habe ist von der Regierung beschlagnahmt worden“, kam die Antwort.

Ich legte den Hörer auf – wie betäubt. Ich hätte es wissen müssen. Herman lag, seinen eigenen Worten zufolge, wegen des einen oder anderen Projekts ständig „im Clinch“ mit den Behörden. Er war vom „großen weißen Jäger“, bevor die Jagd in Kenia verboten wurde, zu einem skrupellosen Geschäftsmann geworden. Und nun hatte eine seiner Unternehmungen ihn in Schwierigkeiten gebracht. Und mich ebenso. Ich hatte keine Ausrüstung, keine Führer. Aus einer richtigen Safari würde also nichts werden.

Nun stand ich hier auf dem Flughafen von Nairobi mit sieben metallenen Halliburton-Fotokästen und einem Koffer und wußte nicht, wohin. Erschöpft von meinem Flug um die halbe Welt, beschloß ich, mir zunächst etwas Schlaf zu gönnen. Ich schleppte meine Fotokästen an eine schattige Stelle neben der Ankunftshalle, stellte sie in einer Reihe auf – eine Sicherheitsmaßnahme, die ich auf vorherigen Alleinreisen erfunden hatte – legte mich darauf und schlief sofort ein.

Einige Stunden später wachte ich ausgeruht auf und telefonierte mit Roberta und Bill Fonville, einem amerikanischen Ehepaar, das ich bei einer früheren Fotosafari kennengelernt hatte. Die Fonvilles besaßen ein Haus außerhalb von Nairobi.

„Ja, das klingt ganz nach Herman“, schmunzelte Bill Fonville, als ich ihm von meinen Problemen erzählte. „Ich schicke Ihnen jemanden, der Sie abholt. Vielleicht können wir auch aushelfen; wir haben noch Teile einer Safariausrüstung, die seit ewigen Zeiten in einem Schuppen herumliegen.“

Die Ausrüstung der Fonvilles, die jahrelang nicht benutzt worden war, befand sich in einem schrecklichen Zustand. Das alte grüne Zelt, das ich auseinanderfaltete, war verblichen und der Stoff ebenso angerottet wie der mehrerer Zeltplanen, die ich noch entdeckte. Da in Nairobi Zelte weder hergestellt noch importiert werden, mußte ich mich mit diesen mürben Fetzen begnügen. Dann wählte ich noch zwei Klappstühle, ein paar kratzige Wolldecken, zwei Kochtöpfe, eine rostige Machete, ein Messer, eine Schaufel und ein zusammenlegbares Toiletten- und Duschzelt aus. Zu diesem Haufen schäbiger Gegenstände gesellte sich dann noch ein handgearbeiteter hölzerner Toilettensitz, von dem der Lack abblätterte. Meine größte Sorge auf dieser Safari würde also zweifellos darin bestehen, mir keine Splitter ins Hinterteil zu reißen. Trotzdem mußte ich grinsen, als ich mir diese reizvolle Konstruktion genauer ansah. Als ich den Toilettensitz hochhob, baumelten die dünnen Holzbeinchen, auf denen die Brille ruhen sollte, an morschen Schnüren wie ein Mobile im Wind.

Die Fonvilles erklärten mir, daß ich auf einer nahegelegenen Farm ein paar Arbeiter anheuern könnte, die mich auf meiner Safari begleiten würden. „Sie sind wahrscheinlich noch nie im Busch gewesen, aber das macht ja nichts", sagte Bill. „Es gibt nur ein Problem – sie sind Kikuyu, die kein Englisch sprechen." Er grinste. „Aber das macht auch nichts. Wir stellen für Sie eine kleine Liste mit den wichtigsten Worten in Suaheli zusammen."

Roberta Fonville sah mich besorgt an. „Sind Sie sicher, daß Sie allein da hinausgehen wollen? Eine Frau allein in Massailand? Selbst für die Massai ist es schwer, in einer derart schrecklichen Gegend zu leben."

„Das wird sich zeigen. Ich bin gar nicht so empfindlich, wie ich aussehe." Ich lächelte. „Und schließlich gilt dasselbe auch für die Flamingos."

Sie nickte und sagte dann, „Hara. Das ist ein ungewöhnlicher Name."

„Ja, danach fragt jeder", sagte ich. „Mein Vater war in der Armee und in Japan stationiert, als ich noch klein war, und mein japanisches Kindermädchen gab mir den Namen Hara. Er bedeutet ‚Seele'."

Roberta tätschelte freundlich meinen Arm. „Ein wundervoller Name. Seit ich Sie bei Ihrer letzten Safari kennenlernte, habe ich einige Ihrer Arbeiten im *National Geographic* gesehen. Ich weiß, Sie werden es auch bei den Flamingos schaffen." Sie betrachtete den Haufen staubiger Zeltplanen, Tische und Stühle und seufzte. „Ich hoffe, das alte Zeug hilft Ihnen ein wenig."

Staubiges Zelttuch, zwei Kikuyu und ein ramponierter Landrover

„Ja, ich danke Ihnen vielmals dafür." Ich fing an, mich besser zu fühlen. Alles, was mir jetzt noch fehlte, waren Nahrungsvorräte und ein Wagen mit Allradantrieb. Als ich jedoch in der Autovermietung von Nairobi erfuhr, daß ein Landrover hundert Dollar am Tag kostete, stöhnte ich. Meiner Schätzung nach würde ich drei oder vier Wochen brauchen, um die Flamingos zu fotografieren. Mehr als zweitausend Dollar für den Landrover würden ein tiefes Loch in meinen Bargeldetat von viertausend Dollar reißen.

Den nächsten Schock erlitt ich, als ich das bestellte Kanu abholen wollte. Der junge Zollbeamte rückte seine Nickelbrille zurecht und erklärte: „Der Zoll auf alle Sportartikel beträgt 150 Prozent des angegebenen Wertes." Es waren ungefähr tausend Dollar. Ich war außer mir. Ich hätte jedoch genausogut eine Wand anflehen können. Doch da ich das Kanu unbedingt brauchte, zahlte ich den verlangten Zoll.

Wieder bei den Fonvilles angelangt, setzte ich das empfindliche Kanu zusammen und seufzte erleichtert, als es funktionierte. Perfekt. Ich sah mich schon, wie ich im Schutze eines rosigen Sonnenaufgangs langsam und stetig auf die Brutplätze der Flamingos zupaddelte, ein friedlicher, romantischer Ausflug auf einem kristallblauen See. In diesem Augenblick dachte ich nicht an das, was ich über die unerträgliche Hitze, die übelriechenden Salzseen und die gefährlichen Schlammbänke gelesen hatte.

Jetzt mußte ich nur noch meine Mannschaft zusammenstellen. Die Botschaft, daß ich ein paar Eingeborene suchte, die mir bei meiner Safari helfen sollten, hatte sich wie ein Lauffeuer verbreitet: Die Fonvilles hatten es jemandem in Nairobi erzählt, der jemanden in einem Bus darüber informierte, der es einem Eingeborenen auf der Straße weitersagte, und der wiederum verbreitete es in den Dörfern. Drei Tage später erfuhr ich auf demselben Wege von Wammasai und Wambugo, zwei Kikuyu-Eingeborenen. Ich hatte keine Ahnung, wie die beiden aussahen oder welche Erfahrung sie hatten, aber ich wußte den Namen ihres Dorfes.

Nachdem der Landrover mit der Ausrüstung bepackt war, verließ ich Nairobi, um die Männer abzuholen. Nairobi, die Hauptstadt von Kenia, war für mich immer eine angenehme Überraschung. Sie erhielt ihren Namen nach dem Massai-Wort *N'erobi,* was „Ort des kalten Wassers" bedeutet, und wurde Anfang des Jahrhunderts als Eisenbahndepot erbaut. Obwohl die Stadt nur wenige Breitengrade südlich des Äquators liegt, sorgt ihre Höhe über dem Meeresspiegel doch fast das ganze Jahr über für ein trockenes und angenehmes Klima mit Temperaturen um 25 bis 30 Grad. Moderne Hochhäuser stehen neben Gebäuden

Das Motorengeräusch schreckt einen Löwen aus dem Schlaf

im englischen Kolonialstil. Im altmodischen Norfolk Hotel erwartet man fast, Sonnenschirme und viktorianische Kleider zu sehen, Überbleibsel aus der Zeit der englischen Siedler.

Nairobi ist eine gut geplante Stadt mit breiten Straßen und Passagen. Es ist kaum zu glauben, daß sie noch 1907 kaum mehr als ein Zeltlager war, in dem Krieger aus dem Busch noch immer Europäer aufspießten. Die ersten sechs Menschen, die 1961 auf dem Friedhof von Nairobi beigesetzt wurden, waren Löwen zum Opfer gefallen. Ich erinnere mich an eine kenianische Zeitung, die ich im Flugzeug las und deren Schlagzeile von einem Sieg der Basketballmannschaft von Nairobi berichtete, und ganz unten auf der zweiten Seite stieß ich auf einen Fünf-Zentimeter-Artikel mit der Überschrift: DORFBEWOHNER VON LÖWEN GETÖTET.

Ein Gepard überwacht sein Jagdrevier

Flußpferde leben harmonisch mit allen anderen Seebewohnern zusammen

Giraffen galoppieren neben der Straße her

Außerhalb von Nairobi fuhr ich an Gemüsefeldern vorüber, bis ich schließlich das letzte Dorf am Fuße des Hügels erreichte, eine Ansammlung schäbiger, wellblechgedeckter Holzhütten. Ein großer, schlanker Eingeborener von etwa Mitte Dreißig kam hinter einer der Hütten hervor. Er trug ein orangefarbenes Polohemd und eine schwarze Ledermütze.

„Wambugo." Er sprach seinen Namen sehr sorgfältig aus und lächelte.

„Jambo." Hallo, sagte ich. Das war eines der wenigen Worte Suaheli, die ich kannte.

Ein weiterer Mann, sehr dunkel, klein und muskulös mit einer breiten Nase und schwarzen Augen, kam auf mich zu. Er ergriff meine Hand, schüttelte sie auf und ab und zeigte auf sich selbst. „Wammasai!"

Beide trugen leuchtend bunte Baumwoll-Kikoys, in die sie ihre wenigen Besitztümer eingeknotet hatten. Die Eingeborenen benutzen die Kikoys, um alles mögliche zu tragen, von Nahrungsmitteln bis zu Babys. Wenn die Stoffbahnen nicht gebraucht werden, kann man sie als Kleidungsstück um den Körper schlingen. Ich fragte mich besorgt, ob Wammasai und Wambugo genug bei sich hatten, um Wochen, vielleicht einen Monat, im Busch existieren zu können.

Beide standen im Staub und sahen mich an; zweifellos überlegten sie, was sie wohl tun sollten für diese hellhäutige Frau in der Bluse und den Khaki-Shorts, groß wie ein Massai mit hüftlangem blondem Haar. Sie wußten weder, daß sie auf eine Flamingo-Fotosafari gehen sollten noch, wie lange sie fortbleiben würden – eine Woche, ein Jahr? Sie fragten nicht einmal, wieviel sie verdienen würden, und ich hatte keine Möglichkeit, es ihnen zu sagen.

Beide waren Kikuyu aus Kenia. Im späten 19. Jahrhundert wurde dieser Stamm von Jägern und Farmern dazu gedrängt, sich die Werte und die Religion der Engländer zu eigen zu machen. Ihr Lohn dafür war die Knechtschaft. Zwischen zwei Welten geraten, gaben sich die Kikuyu keine Mühe, ihre eigene Welt zu finden. Eigeninitiative und Planung waren ihnen fremd. Die beiden Farmer Wammasai und Wambugo zum Beispiel waren offensichtlich bereit, mit mir irgendwohin zu ziehen, ohne jede Garantie.

Am Stadtrand von Nairobi hielt ich an

... zwei auf dem Weg ins Abenteuer

einem kleinen Laden, um einen Vorrat an Lebensmitteln einzukaufen. Wir verluden mehrere Kästen Coca Cola und Tusker Bier, Büchsenfleisch, mehrere Kästen Gemüse und schließlich noch einen Vierzig-Pfund-Sack Kartoffeln. Wammasai und Wambugo zeigten mir durch Gesten, was sie haben wollten – einen Sack Maismehl, aus dem, nachdem es mit Wasser vermischt worden ist, das afrikanische Grundnahrungsmittel *posho* zubereitet wird.

In dem Laden fiel mein Blick auf ein kleines Plastiktablett mit dem Bild einer Giraffe und dem Aufdruck „Kenia" in roten, geschwungenen Buchstaben. „Ein richtiges Kaffeetablett für eine ganz und gar nicht richtige Safari", dachte ich und legte es kurzentschlossen zu den übrigen Einkäufen. Dann zog ich Schillinge im Wert von zweihundert Dollar aus meinem rapide schwindenden Geldbündel, ließ Wammasai und Wambugo die Einkäufe auf dem Dach des übervollen Landrovers verstauen – und dann waren wir unterwegs zu einer der unwirtlichsten, lebensfeindlichsten Regionen des Rift Valley.

Endlich unterwegs. Ich fühlte mich gut.

Sicher, es war eine überaus bescheidene Safari mit einer alten, halbverrotteten Campingausrüstung, zwei afrikanischen Farmern, die noch nie im Busch gewesen waren, und einer zerknitterten Liste mit Suaheli-Worten. Mir war außerdem klar, daß das Überleben meiner beiden Begleiter einzig und allein von mir abhing. Noch bevor unsere Safari zu Ende war, würden sie mich *Mama Ngumu* – starke Mama – nennen.

2

Träume und Rückschläge

Träume und

Ich fuhr nach Süden, vorbei an eingezäunten, staubigen Weideflächen und blattlosen Sträuchern, die der Landschaft ein monotones graues Aussehen verliehen. Plötzlich ging die Asphaltstraße in einen unbefestigten Weg über, und die Zäune endeten. Der Busch wurde dichter, und die flachkronigen Akazien mit ihrem daranhängenden Schmuck – den runden Nestern der Webervögel – wurden häufiger. Die bis zu einem Meter hohen Termitenhügel sahen aus wie von Kindern erbaute Sandburgen. Wir sahen aufgegebene Autowracks und einige Afrikaner, die die Straße entlangzogen. Kinder winkten und riefen: „Jambo". Meine Begleiter und ich winkten zurück, ohne die Rufe zu erwidern, und ich betrachtete die sich ständig verändernde Landschaft.

Ich erhaschte einen Blick auf mehrere Herden von struppigen Buckelrindern, gehütet von Massai, die einst der gefährlichste Stamm Afrikas waren. Die Massai, die schwarz und kantig sind wie der verkohlte Stamm eines Baumes, kleiden sich in ein einteiliges ockergelbes Gewand, das *shuka* genannt wird. Dieses Nomadenvolk, das Rinder- und Ziegenherden hält, ernährt sich von einer Mischung aus Rinderblut und Milch, die sie in einer umgehängten Kürbisflasche immer bei sich haben.

Der Anblick dieser Massai erinnerte mich an eine Geschichte, die ich einmal gehört hatte. Die Folklore der Massai berichtet von einem jungen Krieger, der sich zum Trinken ans Ufer eines Teiches kniete und im Wasser die Spiegelung eines roten Vogels sah, dessen Gefieder schöner war als alles, was er je gesehen hatte. Er sprang auf, um diesen wundervollen Vogel zu fangen, doch der Himmel war leer und er konnte ihn nirgends erblicken. Der Krieger zog durchs Land, immer auf der Suche nach diesem wundervollen Vogel, bis er sehr alt war. Da hörte er eines Tages von einem riesigen See in weiter Ferne, auf dem es unzählige rote Vögel geben sollte.

Er machte sich auf den mühevollen Weg über die Bergkette, die sich oberhalb des Sees entlangzog. Mit letzter Kraft erreichte er den Kamm und machte dort Rast. Er schaute angestrengt in die Ferne, um die Vögel zu entdecken, doch er sah sie nicht. In der verzweifelten Annahme, daß all seine Mühen vergeblich gewesen waren, schloß er die Augen und

Rückschläge

sah auf der Innenseite seiner Lider die Vision des Vogels aus seiner Jugend.

Als seine Seele den sterbenden Körper verließ, fiel eine leuchtendrote Feder vom Himmel direkt in seine offene Hand.

Ich hoffte nur, daß meine Suche nach den Flamingos greifbarere Früchte tragen würde als die des Massai.

Wir fuhren weiter durch die Ngong-Berge, und der Landrover, der sich durch vierzig Grad Hitze quälte, zog eine gewaltige Staubfahne hinter sich her. Das Land wurde immer kahler, nur gelegentlich waren ein paar Grasbüschel zu sehen. Staubfontänen wirbelten senkrecht in die Luft wie Geister aus einer Flasche, um dann in hundert Meter Höhe vom Wind weggetragen zu werden.

Ich hatte vor, weiter nach Süden bis zum Natronsee zu fahren, auf dem ich aus der Luft die rosafarbene Insel gesehen hatte, mir dort einen Lagerplatz zu suchen, meine Tarnung aufzubauen und mit dem Fotografieren zu beginnen. Zunächst wollte ich jedoch versuchen, den kleineren Magadisee zu umkreisen, denn auf der Karte war um ihn herum ein gestrichelter Pfad eingetragen.

Die Salzseen funkeln wie Tränen auf Afrikas Antlitz

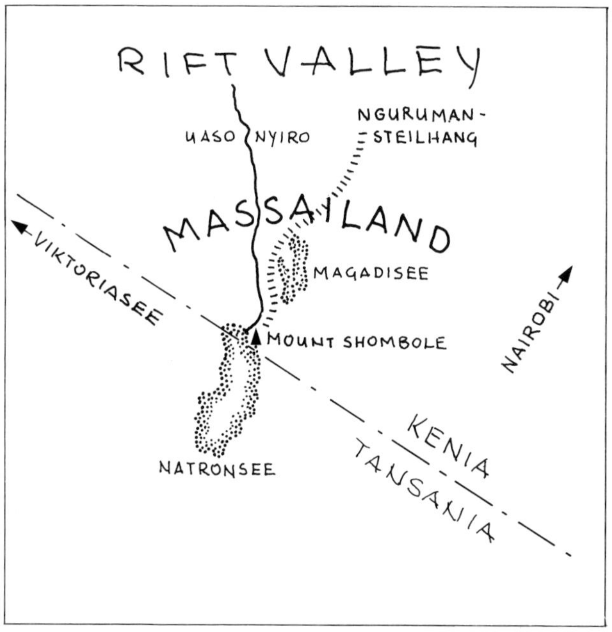

Wir befanden uns nun im Massailand, das sich wie ein Krummsäbel vom Viktoriasee am Ostrand Kenias über den Natronsee bis nach Tansania erstreckt. Ich hatte vor, mein Lager etwa in der Mitte des Massailandes aufzuschlagen, an der Schneide des Säbels. Dort würden wir uns genau auf dem Grund des Rift Valley befinden.

Plötzlich lag sie dann vor uns, die tiefste Schlucht auf dem afrikanischen Kontinent, ja sogar der ganzen Erde. Das Rift Valley ist gewaltig und unheimlich, bis zu 320 Kilometer breit und Hunderte von Metern tief, von Kratern durchzogen wie eine Mondlandschaft; ein riesiger, unwirtlicher Landstrich, in dem es fast nirgends Schatten und kein Grün gibt und der zunehmend lebensfeindlicher wird, je näher man der Kette von flachen Salzseen und -ebenen kommt. Ich war gewarnt: Auf den Salzebenen kann die Temperatur bis auf sechzig Grad ansteigen.

Hier leben die afrikanischen Flamingos. Und sie gedeihen. Hier brauchen sie sich nicht zu verteidigen, denn nur die allerwiderstandsfähigsten Raubtiere und Greifvögel lassen sich von den Salzseen nicht abschrecken. Diese unwirtliche und glutheiße Gegend zog mich an wie ein Magnet.

Einen Augenblick lang standen wir am Rande dieser fremdartigen Welt und betrachteten das schattenhafte Gestein des fernen Nguruman-Steilhanges. Dann legte ich den ersten Gang ein, und wir fuhren ins Tal hinab.

Der Landrover polterte über fußballgroße Felsbrocken und wirbelte uns in seinem Innern herum wie Erbsen in einer Kalebasse. Gelegentliche harte Schläge rissen mir das Lenkrad aus den Händen. Die Zweige verkrüppelter Akazien schrammten an den Seiten des Wagens entlang und erinnerten mich an das Quietschen von Kreide auf einer Schiefertafel. Ich konzentrierte mich so aufs Fahren und darauf, den größeren Felsbrocken, Bäumen und Sträuchern auszuweichen, daß ich nur einige Meter weit vorausschaute und auch keinen Blick auf die Gesichter von Wambugo oder Wammasai werfen konnte. Aber ich wußte, daß ihre Augen weit aufgerissen waren, daß sie sich mit aller Kraft festklammerten und dachten: „Was macht diese Verrückte mit uns? Sie wird uns umbringen!“

Dann wurde das Lenkrad einmal mehr aus meinen Händen gerissen, und der Wagen fuhr in einen Graben. KRACH! Der Landrover wurde zur Seite geworfen, kam mit einem Ruck zum Stehen, und alle Vorräte vom Dach flogen über die Motorhaube und schlugen wie Granaten in die pulvrige Erde ein.

Ich kletterte hinaus in den erstickenden Staub. Eine meiner Befürchtungen war, daß der verbeulte Landrover seinen Geist aufgegeben hatte. Ein Glück, daß diese Dinger gebaut sind wie Panzer, dachte ich und tätschelte die glühendheiße Motorhaube wie einen Freund. Wir saßen nicht in diesem Graben fest. Der Wagen konnte sich herauswühlen.

Ich gab Wammasai und Wambugo Zeichen, die Ausrüstung wieder aufs Dach zu laden, und als ich mich bückte, um einen Kasten aufzuheben, da sah ich sie: eine traumhafte rosa Wolke, die in weiter Ferne über der Oberfläche des Sees zu schweben schien.

Flamingos.

Ich schnappte mir meine Kamera mit dem 300-Millimeter-Objektiv und schaute durch den Sucher. Das Gestein auf der anderen Seite des Grabens lag im Schatten, doch vor ihm, vom See reflektiert, schwebte eine hauchdünne rote Wolke. Ich hatte sie gefunden. Jetzt mußte ich nur noch eine Möglichkeit suchen, nahe genug an sie heranzukommen, um sie fotografieren zu können.

Nachdem wir die Vorräte wieder auf dem Dach festgezurrt hatten, ging es weiter über das weglose Plateau, durch Gras, das so hoch war, daß es die Windschutzscheibe streifte und mir die Sicht nahm. Ich rechnete damit, jede Minute auf den Pfad zu stoßen, der um den See herumführte, und war ganz sicher, daß uns hinter dem nächsten Strauch oder hinter der nächsten Anhöhe ein atemberaubendes Panorama des blauen Horizonts, durchbrochen von Millionen Flamingos, erwarten würde. Ein paar Meilen weiter wurde mir klar, daß das Schlimmste eingetreten war. Wir waren im Kreis herumgefahren und standen nun orientierungslos in einem dichten Gestrüpp aus Sträuchern und Gras. Und vor uns lag nun auch noch eine tiefe Rinne, die uns den Weg versperrte.

Ich stieg aus und ging allein zu Fuß durch das Gestrüpp in die Richtung, in der ich den Steilhang vermutete, von dem aus man den See überblicken konnte. Nachdem ich etwa vierhundert Meter weit gegangen war, wobei meine Haare unzählige Male in den Dornen der Akazien hängenblieben, beschlich mich ein Gefühl der Angst.

Die Dunkelheit, die ich besonders fürchte, würde bald hereinbrechen. Ich machte mich eilig auf den Rückweg und fand Wammasai und Wambugo im dürftigen Schatten einer Akazie. Was sollten sie hier? Sie hatten ihr bisheriges Leben auf üppigem, grünem Ackerland verbracht und nun waren sie hier, in dieser Einöde.

Was sollte ich tun? Hier das Lager aufschlagen? Nein, denn selbst ein leichter Wind würde unsere Reifenspuren verschwinden lassen. Wir mußten zurück. Ich wendete den Wagen und folgte unserer Spur, bis ich auf einen breiter werdenden Pfad stieß, der mir vorher nicht aufgefallen war. Er führte zu einem steinigen Damm, der auf die andere Seite des flachen Sees hinüberführte; zu den Flamingos. Später erfuhr ich, daß der Damm vor etwa vierzig Jahren von den Engländern gebaut worden war.

Die Vergänglichkeit des Lebens war allgegenwärtig

Etwas am Rande des Wassers erregte meine Aufmerksamkeit. Im Schlamm lag ein toter Pelikan; sein leuchtendes Gefieder war zu einem stumpfen Grau verblaßt, und seine Flügel hatte er in einer hoffnungslosen Geste des Sterbens ausgebreitet. Ich schüttelte die düsteren Gedanken an den Tod ab, fuhr über den Damm und auf der anderen Seite eine steile Böschung hoch, die auf den Kamm des Steilhanges führte. Von diesem hohen Aussichtspunkt schaute ich hinab – und war bitter enttäuscht. Was von weitem wie Flamingos ausgesehen hatte, entpuppte sich als kristallisiertes rosafarbenes Salz. Von der Hitze erschöpft und von der Fahrt nahezu totgeschüttelt, fühlte ich meine Entschlossenheit schwinden. Aber nein! Es gab Flamingos auf diesem See, und ich würde sie finden.

Bei meiner Fahrt über den Damm hatte ich eine weitere Kalkbrücke entdeckt, die zur Nordwestecke des Sees führte, und ich fuhr auf meiner ursprünglichen Strecke zurück, bis ich sie erreicht hatte. Die Sonne stand bereits dicht über den Felsen, als ich den vertrauten rosa Schimmer über dem See entdeckte. Wieder eine Täuschung? Ich fuhr weiter und dachte, das muß es sein. Das *muß* es einfach sein. Plötzlich begann der rosa Streifen, ein eigenes Leben zu führen. Er bewegte sich! Winzige flatternde Bewegungen, schwarze Pünktchen, Schichten von Weiß – Flamingos. Tausende, Hunderttausende rosaweißer Flamingos.

Voller Begeisterung verließ ich den Damm und fuhr die Böschung hinauf, bis ich schließlich einen hochgelegenen Platz fand, von dem aus wir den See überblicken konnten, die Vögel aber nicht beunruhigen würden. Ich stellte den Motor ab.

Stille.

Minutenlang starrte ich auf die rosa Vogelschwärme. Ja, an diesem Platz würden wir unser Lager aufschlagen. Als Lagerplatz ließ der Ort zwar einiges zu wünschen übrig – ein Platz inmitten des Rift Valley, gegenüber dem Nguruman-Steilhang und ohne jeden Schutz vor der unbarmherzigen afrikanischen Sonne. Der Boden war mit losem Lavagestein übersät, die Erde ausgetrocknet und zu ascheartigem Pulver verbrannt. In der Mitte des Platzes stand ein einsamer toter Baum, die schwarzen Überreste einer Akazie, die den Kampf ums Überleben schon vor langer Zeit aufgegeben hatte.

„Zumindest werden wir in dieser feindseligen Umgebung sicher sein“, dachte ich, denn die Hitze bot uns Schutz. Hier in der prallen Sonne, wo es kein Süßwasser gab, würden sich keine Raubtiere herumtreiben. Um mich wenigstens halbwegs sicher zu fühlen, war ich bereit, einiges in Kauf zu nehmen.

Weniger als vierhundert Meter entfernt, am Fuße eines sanften Abhangs, lag der Magadisee mit seiner salzverkrusteten Oberfläche, deren Farbe von Grellweiß bis zu einem leuchtenden

Ein Wasserbock zu Besuch

(Folgende Seite) Weiße Pelikane beim Abflug

Diese Thompson-Gazelle ist ein Opfer der Dürre geworden

Rosa variierte. Durch die ätzenden Dämpfe, die aus dem bitteren Wasser aufstiegen, konnte die Außentemperatur mittags für einen Menschen unerträglich werden. Und doch war diese unwirtliche Welt die Heimat von Hunderttausenden von eleganten und scheinbar so empfindlichen Lebewesen.

„Mzuri sana." Gut, sagte ich. Sehr gut.

Wammasai und Wambugo nickten, und wir fielen alle drei vor Erschöpfung fast aus dem Landrover, denn unsere Muskeln waren verkrampft von der langen Fahrt durch unwegsames Gelände. Ich zeigte auf die Ausrüstung auf dem Dach und dann auf den dürren Baum. *„Chukua."* Tragt.

Wammasai und Wambugo luden die Ausrüstung ab und halfen mir dann, mein Zelt aufzustellen. Wammasai hieb einen toten Strauch mit der Machete auseinander und machte Feuer. Dann griffen sich die beiden eine Zeltplane, ihren Sack mit *posho* und wanderten vorsichtig etwa hundert Meter weit auf einen flachen Hügel, wo sie die Zeltbahn an einer kleinen Akazie festmachten und ein zweites Feuer entzündeten. Wir waren alle zu müde zum Kochen und aßen deshalb Büchsenfleisch, das wir mit warmem Tusker Bier hinunterspülten. Noch während wir schweigend unser Mahl einnahmen, wurden die Schatten länger und kündigten die Dunkelheit an. Die Luft wurde schwer, jegliches Leben war aus ihr gewichen.

Nichts ist so dunkel wie eine mondlose Nacht im afrikanischen Busch

Einbruch der Nacht. Das einzige, was meine Entschlossenheit jetzt noch erschüttern konnte. Ich erinnerte mich an die Worte von Beryl Markham: „Sie ist der Sitz all meiner dunkelsten Ängste." Ja, dachte ich, nichts ist so dunkel wie eine mondlose Nacht im afrikanischen Busch.

Plötzlich war irgendwo in dem schwindenden Licht das dumpfe Brüllen eines Löwen zu vernehmen. Ich erstarrte. Wammasai und Wambugo hockten neben ihrem Zelt, und in ihren weitaufgerissenen Augen spiegelte sich das tanzende Licht ihres Lagerfeuers.

Der Löwe brüllte wieder.

Ich kroch in mein Zelt, streckte mich auf den zwei staubigen Decken aus, die ich auf dem Gestein ausgebreitet hatte und zog eine Kikoy-Decke über mich. Ich kam mir albern vor, wie ein Kind, das sich vor Kobolden und Hexen versteckt. Nachdem ich nun schon um die halbe Welt gereist war, um meinen Traum wahrzumachen, *mußte* ich mit meiner Angst fertigwerden. Wenn jede Nacht so werden würde, konnte ich mich genausogut gleich daran gewöhnen. Ich schloß die Augen. In der Dunkelheit sah ich einen fauchenden Löwen neben mir, und am Eingang meines Zeltes lauerte eine Kobra, zum Angriff aufgerichtet.
Einen schrecklichen Augenblick lang zappelte ich wie eine vom Löwen gepackte Gazelle, doch dann ließ ich mich vom Schlaf übermannen, dem bequemsten Ausweg aus meiner Angst.

(Folgende Seite) Der Magadisee – ein öder Anblick

Mein Camp – ein einsames Plätzchen inmitten des gewaltigen Rift Valley

3

Zauber einer Legende

Zauber

Bernsteinfarbenes Licht durchschnitt die Dunkelheit, und am Fußende meines Bettes zeichnete sich drohend der erhobene Kopf einer Kobra im Gegenlicht ab. Beinahe hätte ich geschrien. Als ich dann aber die vermeintliche Kobra als den Tennisschuh an meinem Fuß identifizierte, kam ich mir ziemlich albern vor. Der Löwe an meiner Seite erwies sich als der dunkle Schatten, den der Landrover auf mein Zelt warf.

Durch die dreieckige Zeltöffnung hatte ich einen guten Ausblick auf den Magadisee und

Sonnenaufgang

den Horizont, aus dem sich eine große Wolkenmasse erhob, durch die plötzlich die Sonne brach und ihre goldenen Strahlen fächerförmig über den Himmel verteilte. Ich atmete tief ein. Die Luft war erfüllt vom Geruch nach Tau und Staub.

Wammasai und Wambugo kamen den Abhang herunter, offensichtlich sehr erleichtert, daß sie die Nacht überlebt hatten. Sie sahen mich fragend an. Was jetzt? Ich begrüßte sie mit einem enthusiastischen *„Jambo!"* und begann, das Lager einzurichten, mit der Absicht, einer richtigen Safari so nahe zu kommen, wie es unsere schäbige Ausrüstung erlaubte. Ein Klapptisch wurde als Küche deklariert und fand seinen Platz in dem dürftigen Schatten der Akazie. Ich schleppte zwei Klappstühle und einen weiteren Tisch unter eine aufgespannte Zeltbahn und gab dem Ganzen den Namen „Veranda". Unseren Wasservorrat, der in mehreren Drei-Liter-Kanistern untergebracht war, verstaute ich im Schatten des Zelts. Ein vom Zelt zum Baum gespanntes Seil wurde zur Wäscheleine.

Als nächstes stellte ich einen Plan für die täglichen Arbeiten auf. Eine gewisse Disziplin war

einer Legende

Das Lager – unsere Heimat für einen Monat

selbst auf unserer winzigen Safari unerläßlich. Das hatte ich in Kenia beim Beobachten der Briten gelernt, deren konsequentes Beharren auf den Nachmittagstee das Überleben im Busch selbst unter den widrigsten Umständen zu einer sehr zivilisierten Angelegenheit machte.

Unser Arbeitstag begann um 4 Uhr 30, wenn ich durch Wambugos geflüstertes „Okay, *Memsahib*" geweckt wurde und hörte, wie das Tablett mit dem starken Kaffee unter der Zeltplane hindurchgeschoben wurde. Ich hatte ihm zeigen müssen, wie man Wasser kocht, eine Handvoll gemahlenen Kaffee hineingibt und das Gebräu dann in einen Becher füllt. Diese ersten Minuten des Aufwachens mit dem Duft des kenianischen Kaffees waren die angenehmsten des Tages.

Nach Erfüllung seines Weckdienstes trottete Wambugo den Hang hinauf zu seinem Lager und weckte Wammasai, der dann vor meinem Zelt wartete. In der dem Sonnenaufgang vorausgehenden Dämmerung konnte ich nur seine bewegungslose Silhouette wahrnehmen.

„*Jambo,* Wammasai."

„*Mzuri sana,* Mama", sehr gut, Mama, erwiderte er in respektvollem Ton und hievte sich das schwere Stativ und die darauf befestigte Kamera auf die Schulter. Wir brachen stets vor Sonnenaufgang auf, um am See zu sein, bevor die Flamingos uns entdecken konnten. Langsam tasteten wir uns um das Lavagestein herum, bis wir die Tarnwand erreichten, die ich am Ufer errichtet hatte. Nachdem Wammasai mir geholfen hatte, die Kamera aufzustellen, kehrte er ins Lager zurück und ließ mich in der Dunkelheit mit der schlafenden Flamingokolonie allein.

Mit Wammasais Hilfe hatte ich zwei Tarnwände gebaut; wir hatten das kräftige Sumpf-

(Folgende Seite) Ich wählte einen Platz, den die Flamingos nicht einsehen konnten

Die Herstellung von Grasmatten für die Tarnwand

gras vom Ufer des Sees mit einem Rahmen aus Stöcken verflochten. Eine dieser Tarnwände war ein besonders großer Erfolg. Ich hatte einen kleinen Frischwasserzufluß entdeckt, den die Vögel morgens zum Trinken aufsuchten. Der von mir gewählte Platz lag zudem im Schatten eines 1,80 Meter hohen Felsens, so daß die Flamingos die Umrisse der Wand nicht sehen und sie somit auch nicht für ein Raubtier halten konnten. Ein ausgezeichnetes Versteck. Wir flochten aus dem Sumpfgras auch noch zwei Matten, etwa von der Größe eines Doppelbetts. Die eine diente als Bodenbelag, die andere als Dach, das wir mit Ästen hochhielten. Um die Tarnung perfekt zu machen, türmten wir vor der Wand Steine und Gestrüpp auf. Jeden Morgen kroch ich vor dem Hellwerden auf dem Bauch in meine Grashütte und wartete auf den Sonnenaufgang. Und auf Schlangen.

Ich habe panische Angst vor Schlangen. Bevor ich es wagte, in meinen Unterschlupf zu kriechen, durchbohrte ich die Dunkelheit mit dem Strahl meiner Taschenlampe, immer darauf gefaßt, in ihrem Lichtkegel plötzlich eine zusammengerollte Kobra zu entdecken oder Dutzende von Schlangen, die sich durch den dünnen Teppich aus grünen und braunen Gräsern wanden und übereinander hinwegglitten. Mit dieser Vorstellung kroch ich Tag für Tag starr vor Angst in meine Höhle.

Eines Morgens lag ich gerade mit aufgestützten Ellenbogen in meinem Unterschlupf und fotografierte eine dicht vor mir stehende Gruppe von Flamingos, als plötzlich eine Ratte aus dem Gras sprang, unter mein Kinn lief und dort stehenblieb. Mein erster Impuls war zu schreien. Doch die Flamingos waren so nah wie nie zuvor. Ich *mußte* sie einfach auf den Film bekommen. Ich fotografierte weiter. Schließlich schnupperte die Ratte an meiner Haut, rümpfte die Nase und ging ihrer Wege. Ich entspannte mich. Zumindest war es keine Schlange gewesen.

Mein zweiter Tarnunterstand war, wie ich fand, eine geniale Erfindung: Ich benutzte das ringsum geschlossene Toilettenzelt. Es hatte sich schon bald herausgestellt, daß seine ursprüngliche Funktion als Wasserklosett in dieser unwirtlichen Gegend einfach lächerlich war. Außerdem war es bei dieser Hitze darin so warm wie in einem Ofen. Ich stellte den hölzernen Toilettensitz auf seine klapprigen Beine – der offene Busch erfüllte seinen Zweck vollkommen – und funktionierte das Zelt zur Tarnung um.

Die Flamingos gewöhnten sich schon bald an das grüne Toilettenzelt in ihrer Mitte und näherten sich ihm bis auf etwa zwanzig Meter, um zu fressen oder zu trinken. Wenn ich aber am Ende einer morgendlichen Fotositzung meinen Kopf über den Rand der Zeltplane erhob, stoben sie flatternd und unmelodisch kreischend davon, bis sie etwa hundert Meter von mir entfernt waren. Dann fühlten sie sich wieder sicher.

Der Rosaflamingo ist größer als …

… der Zwergflamingo, der zierlich wirkt

Allein in meinem Versteck, vernahm ich im Licht der aufgehenden Sonne die ersten Laute der Flamingos. Es klang beinahe, als würden die Musiker eines Sinfonieorchesters ihre Instrumente stimmen; zuerst die Saiteninstrumente und Holzblasinstrumente, gespielt von den Zwergflamingos, gefolgt von den gänseähnlichen Schreien der Rosaflamingos, den Klarinetten, Trompeten und Waldhörnern des Orchesters. Dieses immer lauter werdende Konzert aus piepsenden, zirpenden, zeternden und kreischenden Tönen ließ mich stets lächeln.

In der von mir fotografierten Kolonie lebten deutlich mehr Zwergflamingos als Rosaflamingos. Die Rosaflamingos waren wesentlich größer, und ihre langen Hälse erhoben sich wie Periskope aus dem weißen Federmeer. Die unterschiedliche Größe hinderte die Vögel

(Folgende Seite) Auf der Suche nach Blaugrünalgen unter der spiegelglatten Oberfläche

jedoch nicht daran, in völliger Eintracht zusammenzuleben.

Beide durchschritten den flachen See auf der Suche nach Nahrung, den Hals dem Boden zugewandt, während der Schnabel in dem warmen, algenreichen Wasser hin- und herschwang. Merkwürdigerweise halten die Flamingos ihren Kopf im Wasser verkehrt herum; der gebogene Oberschnabel taucht zuerst ein, und die schwarze Schnabelspitze ist nach hinten gerichtet.

Ebenso wie Benimmregeln und Küche sich in den verschiedenen Kulturen voneinander unterscheiden, gilt dies auch für die Ernährungsgewohnheiten und -grundlagen der Zwerg- und Rosaflamingos. Die Zwergflamingos tauchen den Schnabel ins Wasser und gehen dann ein paar Schritte vorwärts, wie dicke Hausfrauen am kalten Buffet. Sie schwingen den Kopf von einer Seite zur anderen und machen gleichzeitig schnelle Nickbewegungen, doch der Schnabel wird nie tiefer eingetaucht als etwa einen Zentimeter. Der Schnabel seiht die Blaugrünalgen *(Spirulina)* aus dem Wasser; sie verfangen sich in den Lamellen, pelzigen Rändern aus Haaren und winzigen Zähnen, die als Filter fungieren. Das Wasser wird auf der anderen Seite des Schnabels wieder herausgedrückt. Obwohl während der Futteraufnahme unzählige Liter Wasser in den Schnabel strömen, wird von diesem konzentrierten Gemisch aus Salz, kohlensaurem Natrium, Sulfat und Fluorid nichts geschluckt.

Sie suchen ihr Futter im See und trinken aus den Quellen

Nach dem Fressen waten die Vögel an die Frischwasserzuflüsse an den Rändern des Sees, um zu trinken und zu baden. Vielfach schießt das einzige verfügbare Süßwasser aus heißen Geysiren, deren Temperatur an der Oberfläche fast hundert Grad beträgt. Die Vögel können dieses heiße Wasser ebenso trinken wie wir Menschen einen brühheißen Kaffee, doch ihre Beine vertragen diese Temperaturen nur schlecht, und die Vögel hüpfen von einem Fuß auf den anderen und entfernen sich so schnell wie möglich wieder. Während die Vögel hin- und herhüpfen, tauchen sie den Schnabel direkt unter der Oberfläche ins Wasser, werfen dann den Kopf hoch und schlucken. Da sie auf diese Weise nur sehr wenig Flüssigkeit aufnehmen können, müssen die Vögel immer neue Schlucke nehmen, während ihnen das heiße Wasser fast die Beine verbrüht.

Rosaflamingos suchen ihre Nahrung in größerer Tiefe; sie halten den Schnabel dicht über den Grund. Sie schreiten stetig vorwärts, immer auf der Suche nach Insektenlarven, kleinen Weich- und Krebstieren. Wenn die Ausbeute gering ist, bleiben die Vögel stehen und wirbeln den Schlamm mit den Füßen auf, so lockern sie den Untergrund. Dadurch werden größere Krebs- und Weichtiere freigesetzt und können in den Schnabel eingesaugt werden.

Wenn das Wasser zum Waten zu tief ist, suchen beide Arten ihre Nahrung schwim-

Das Quellwasser ist kochendheiß

Die Flamingos trinken aus den heißen Quellen

mend. Sie schwimmen fast genauso wie Enten oder Schwäne, doch der kurze Schwanz und die Tatsache, daß die langen, angewinkelten Beine hinter ihnen aus dem Wasser ragen, lassen die Flamingos wesentlich weniger graziös aussehen. Schwimmend suchen sie ihre Nahrung in Gewässern bis zu einem Meter Tiefe.

Unabhängig davon, wo die Vögel auf Nahrungssuche gehen, sind sie grundsätzlich sehr laut und drängen sich dicht zusammen wie die Kunden beim Ausverkauf in einem Kaufhaus. In der Abteilung mit den Sonderangeboten im Untergeschoß ertönt ein unablässiges Keifen, das alle anderen Geräusche überdeckt. Bei der Suche nach dem besten Platz zum Dinieren kommt es schon einmal vor, daß einer der Vögel seinen Kopf wie eine Keule benutzt und den Nachbarn in die Seite oder auf das Hinterteil trifft. Der getroffene Vogel geht dann einige Schritte weiter und setzt seine Nahrungsaufnahme fort.

Nach dem Frühstück rücken die Flamingos auf Abstände von etwa einer doppelten Flügelspannweite auseinander und verbringen den größten Teil des heißen Tages damit, sich zu putzen, sich Wasser über das Gefieder zu spritzen und es mit dem Schnabel durchzukämmen. Gegen fünf Uhr nachmittags, wenn die Temperatur gewöhnlich um ein paar Grad sinkt, schließen sich die Vögel wieder zusammen und fangen erneut an zu fressen. Erst wenn es dunkel ist, rücken sie wieder auseinander und ziehen sich zum Schlafen in tieferes Wasser zurück.

Um meine Fotos zu schießen, arbeitete ich morgens sehr konzentriert und zielte immer wieder mit einem 600-Millimeter-Objektiv auf einen einzelnen Vogel, um festzuhalten, wie er fraß und sich den anderen gegenüber verhielt. Ich mußte schnell arbeiten, denn die Temperatur – bei Tagesanbruch waren es gewöhnlich 38 Grad – stieg rapide an. Gegen acht Uhr waren es schon fünfzig Grad, und es war fast unmöglich, weiterzuarbeiten. Meine schwarze Nikon-Kamera wurde so heiß, daß ich sie kaum noch anfassen konnte. Dann gab ich Wammasai ein Zeichen, und er kam den Abhang heruntergetrottet, um Kamera und Stativ zum Lager zurückzutragen. Obwohl er all seine Pflichten ohne Murren oder Widerrede erfüllte, fragte ich mich manchmal, ob er die *Memsahib* nicht für ein bißchen verrückt hielt. Schließlich versteckte ich mich Tag für Tag in einer Strohhütte vor einem Haufen Vögel und umklammerte dabei eine dicke schwarze Röhre, die surrende Geräusche von sich gab, Geräusche, die er mit „bumm, taki, taki“ umschrieb. Ich versuchte, es ihm mit Hilfe der Zeichensprache zu erklären, und eines Tages hatte er anscheinend tatsächlich verstanden, daß wir einen Bildband planten. Von diesem Zeitpunkt an interessierte er sich sehr für seine Arbeit und erledigte alle anfallenden Tätigkeiten noch bereitwilliger als zuvor.

(Folgende Seite) Die Vögel zu zählen, erweist sich als schwierig

Gefiederpflege – der Schnabel streicht jede einzelne Feder glatt

Wambugo machte sich nie die Mühe zu verstehen. Er pfiff ständig vor sich hin, fast tonlos, und schnippte mit den Fingern zu einer Musik, die nur er hörte. Er wurde zum Chefkoch und -wäscher ernannt. Er schrubbte meine Kleidung in einer Plastikschüssel so vehement, daß meine Sachen schon bald ziemlich fadenscheinig wurden. Doch was Wambugo auch tat, er legte dabei häufig lange Pausen ein, in denen er sich den Schweiß unter seiner Ledermütze abwischte.

Die Kleidung war ein Problem. Es war einfach zu heiß, um etwas anzuziehen. Zuerst trug ich Shorts und eine Bluse und dazu Sandalen. Ich hatte auch einen Bikini dabei und versuchte es einige Tage lang damit. Vor einem Sonnenbrand hatte ich keine Angst, nicht einmal hier unter der Äquatorsonne, denn ich verbrachte fast den ganzen Tag im Schatten. Schließlich entschied ich mich doch gegen den Bikini als Busch-Anzug, denn afrikanische Frauen zeigen nie ihren Unterkörper. Am Ende schlang ich ein Kikoy, das gleichzeitig als Bettlaken und Tischdecke diente, um meinen Körper. Mittags tauchte ich die Stoffbahn ins Wasser und hüllte mich dann wieder damit ein. Leider war das Vergnügen immer nur von kurzer Dauer, denn der heiße Wind ließ den Stoff im Nu trocknen.

Nach der morgendlichen Sitzung servierte Wambugo das Frühstück; die beiden aßen ihr mit Wasser verrührtes Maismehl *posho,* und ich bekam eine verkohlte Kartoffel. Die Kästen mit frischem Gemüse waren schnell verdorben, und das Dosenfleisch brachte ich einfach nicht hinunter. Ich gab die Dosen Wammasai und Wambugo, für die Fleisch eine seltene Delikatesse darstellte. Meine tägliche Ernährung bestand aus Kartoffeln, Kaffee, Coca Cola und warmem Tusker Bier. Anfangs versuchte ich noch, ordentliche Safari-Eßmanieren beizubehalten und mühte mich damit ab, meine Kartoffel mit Messer und Gabel von einem Teller zu essen. Doch jedesmal, wenn ich versuchte, das verkohlte Ding aufzuspießen oder anzuschneiden, rollte es auf dem Teller herum wie eine Billardkugel. Schließlich gab ich es auf, benutzte die Finger und schlug meine Zähne in die Kartoffel wie eine Löwin in ihre Beute.

Mein einziger Gast an unserem abgelegenen Lagerplatz war eine kleine braune Maus, die ich entdeckte, als ich einige Kästen in den Schatten des Zeltes räumte. Sie sauste über das glühendheiße Lavagestein und hinter einen Kasten, aber ich konnte sie immer noch sehen; ihr Schwanz zuckte jedesmal, wenn sie ihr dünnes Piepsen hören ließ. Ratten sind eine Sache, ein pelziges Mäuschen ist eine andere. Mit diesem Tier konnte ich leben, und ich mußte lächeln, denn ich fühlte mich irgendwie zu ihm hingezogen. Wir mußten es beide schaffen, in dieser unwirtlichen Gegend zu überleben. Die Maus akzeptierte mich als ihren Zeltgenossen.

Zeit für ein Nickerchen

In der Tageshitze saß ich auf der schattigen Veranda meines Zelts, kennzeichnete die Dosen, die die verwendeten Filme enthielten, und verpackte sie dann in Plastiktüten, um sie vor dem pulvrigen afrikanischen Staub zu schützen. Dann notierte ich die Kameraeinstellungen und zahlreiche andere technische Daten und machte in meinem Tagebuch Notizen über die Vögel. Wenn die Hitze nicht ganz unerträglich war, las ich dann noch in Leslie Browns Buch *The Mystery of the Flamingos,* einem kleinen Band, auf den ich wenige Tage vor Antritt der Safari in einer Buchhandlung in Nairobi gestoßen war. 1953 hatte sich Brown, ein britischer Regierungsbeamter in Nairobi, vorgenommen, den Geheimnissen, die das Sozial-, Brut- und Paarungsverhalten der Flamingos umgaben, auf die Spur zu kommen. Das Buch, in dem er über seine Erkenntnisse berichtet, wurde 1960 vom East African Publishing House veröffentlicht.

Ich nickte zustimmend, als ich Browns Beschreibung der harten Lebensbedingungen im Rift Valley las:

> „Setzen Sie Ihren Fuß auf, und Sie werden fast immer auf vulkanisches Geröll treten; wo kein Geröll ist, wird feiner Staub in Wolken aufsteigen ... Berühren Sie einen Baum, und er ist dornig; kampieren Sie in der Nähe von Wasser, und Sie werden bei lebendigem Leibe von Moskitos gefressen ... Setzen Sie sich in den Schatten, und Sie sitzen auf einem Dorn, wenn nicht auf Schlimmerem. Ein solches Land ist nichts für Leute, die ein bequemes Leben lieben. Also, ein bequemes Leben führte ich hier mit Sicherheit nicht!"

Ich wagte nicht, mir vorzustellen, was noch passieren konnte

Auch was die Moskitos betraf, hatte Brown vollkommen recht. Sie ließen mir keine Ruhe, solange die Laterne brannte. Den Gestank des Fliegenschutzmittels nahm ich für den Schutz, den es mir bot, gern in Kauf. In Browns Buch las ich eine Stelle, über die ich mir zunächst nicht viel Gedanken machte. Doch seine Worte erwiesen sich als Prophezeiung über das, was mir noch bevorstand:

> „Ich hätte es mir nicht träumen lassen, daß sie (die Flamingos) mir die Abenteuer bescheren würden, die ich erlebte, daß ich bei ihrer Beobachtung in größere Gefahr kommen würde, als je zuvor in meinem Leben ... oder daß ich einer Schönheit gewahr werden würde, die meine kühnsten Erwartungen noch übertraf."

Zu den langweiligeren täglichen Pflichten gehörte es, die drei Kästen, in denen das Kanu verpackt war, von einer Seite des Zeltes zur anderen zu tragen. Doch es war nötig, um den schmalen Schatten des Zeltes zu nutzen, der vormittags auf der einen und nachmittags auf der anderen Seite lag. Das gummibeschichtete Boot, von dem ich fürchtete, es könnte in der Hitze schmelzen, war eine Enttäuschung. Ich hatte mir vorgestellt, eine Tarnwand darauf zu errichten, vor Tagesanbruch dicht an die Kolonie heranzupaddeln, das Boot mit einem Stock im Schlamm zu verankern und den Tag mit dem Fotografieren der Flamingos zu verbringen. Doch es erwies sich als unmöglich, das Boot von den breiten Schlammbänken, die den ganzen See umgaben, ins Wasser zu lassen. Trotzdem schützte ich meine kostspielige Investition vor der Sonne, denn ich hoffte, das Boot auf dem Natronsee einsetzen zu können.

Auf dem Natronsee hatte ich die Flamingos erstmals aus der Luft gesehen. Obwohl mir hier am Magadisee großartige Aufnahmen gelungen waren, zog es mich doch zum wesentlich größeren Natronsee. Die Lektüre von Leslie Browns Buch ließ mich jedoch zweifeln, ob dies überhaupt möglich sein würde. Er kam zu dem Schluß, daß der Lebensraum der Flamingos durch die gewaltigen Schlammbänke und „die kristallisierten Schollen, umgeben von dunkelrotem, schleimigem Wasser und Morast, besser vor dem Zugriff des Menschen geschützt ist, als der Lebensraum jeder anderen Vogelart". Ich würde selbst herausfinden müssen, ob das stimmte.

In der Regel las ich bis zum späten Nachmittag, doch dann wurde die Hitze unerträglich und jede Bewegung zur Qual. Wie die Flamingos, versuchte auch ich dann zu schlafen. Viele der großen Vögel schliefen in Ufernähe, auf einem dünnen Bein, das andere hochgezogen unter dem Bauch. Der lange Hals war über den Rücken gebogen und der Kopf unter einen Flügel gesteckt. Einige Vögel putzten sich träge und strichen ihre Federn sorgsam mit dem spitz zulaufenden Schnabel glatt. Wieder andere trieben mit eingetauchtem Schnabel auf dem See und nahmen eine Zwischenmahlzeit ein.

Kurz vor Sonnenuntergang fingen alle Vögel wieder an zu fressen, und ich ging für die zweite Sitzung zum See hinunter. In der Dämmerung sorgten die kupferfarbenen Strahlen der untergehenden Sonne für eine wundervolle, annähernd „schwebende" Beleuchtung, wie auf einem impressionistischen Gemälde.

Nach meiner Rückkehr aus dem Versteck verzehrte ich an dem Tisch unter der Akazie mein Abendessen. Ich ließ mich treiben, betrachtete die funkelnden Sterne und lauschte dem Rascheln der Federn, wenn sich die Flamingos zur Ruhe begaben. Um das Gefühl der Einsamkeit zu vertreiben, spielte ich die einzige Musik, die ich mitgebracht hatte; eine Kassette mit arabischer Musik mit einem wundervoll auf- und abschwellenden Rhythmus.

Bevor ich mich abends in mein Zelt zurückzog, befreite ich meine Kameras vom Staub, legte neue Filme ein und faltete dann meine beiden Decken der Länge nach, um mit ihnen die Härte des Lavagesteins zu mildern. In der Dunkelheit konnte ich meinen pelzigen Freund, die kleine Maus, hören, die sich neben einem Kasten ein Loch gegraben hatte und sich dort gleichfalls zur Ruhe begab.

4

Im Busch

Massai!

In der Öffnung meines Zeltes standen zwei große Massai-Krieger, im Licht der tiefstehenden Nachmittagssonne nur als Silhouetten erkennbar, die sich auf ihre mit Stahlspitzen versehenen Speere stützten. Sie standen dort auf einem Bein wie die Flamingos im See – und starrten mich an.

Der Schweiß lief an meinen Armen und Beinen herunter, als ich aufstand, meinen *kikoy* um mich wickelte und auf sie zutrat. Sie rührten sich nicht. Ich drängte mich an ihnen vorbei und nahm dabei wahr, daß sie nach dem verkohlten Holz eines Lagerfeuers rochen. Sie waren beide über 1,80 Meter groß und hatten ihr langes Haar geflochten und mit Tierfett und Ocker eingerieben. Ihre vergrößerten Ohrläppchen waren geschmückt mit Perlen, Knöpfen und Metallringen. Im Weggehen nickte ich ihnen freundlich zu; ihre Körper drehten sich fast unmerklich, um meinen Bewegungen zu folgen.

Wo waren Wammasai und Wambugo!

Was wollten diese Massai? Ich war auf ihrem Territorium, dem wildesten Teil von Massailand. Sie konnten mich umbringen. Ich erinnerte mich, von sieben deutschen Touristen gehört zu haben, die diesen Teil von Massailand besucht hatten – und die nie wieder aufgetaucht waren.

Einer der Massai versetzte mir einen leichten Schubs. Eisiges Entsetzen durchflutete mich, und meine Gedanken überschlugen sich. „Warum sind sie hier? Was wollen sie? Habe ich etwas falsch gemacht, vielleicht am falschen Ort kampiert?“

Ich begann mich zu beruhigen. „Nur keine Angst“, dachte ich. Schließlich fanden die Massai, wie die Angehörigen fast aller anderen Stämme auch, weiße Frauen unattraktiv. „Farblos“, hatte ein englischer Freund einmal gesagt. „Die Massai halten weiße Frauen für verdammt farblos!“

Sie starrten mich weiterhin an. Ganz offensichtlich mußte ich bluffen, um diese Partie zu gewinnen. Ohne die beiden eines weiteren Blickes zu würdigen, begann ich das Lager aufzuräumen, ging dann langsam zur Wäscheleine hinüber und nahm einige eher intime Wäschestücke ab. Irgendwie war es lächerlich, mit Unterwäsche in der Hand herumzustehen,

Im Busch

während zwei Massai jede meiner Bewegungen beobachteten. Ich schlenderte weiter durch das Lager, schrieb in mein Filmtagebuch, entstaubte die Ausrüstung, griff dann ohne nachzudenken zur Kamera, legte einen neuen Film ein und drückte dabei versehentlich auf den Auslöser.

Ich schaute hoch, und die Krieger waren verschwunden. Nur ihr Geruch hing noch in der Luft.

Natürlich, die Kamera! Massai-Krieger ließen sich nicht fotografieren, denn sie waren überzeugt, daß der Film ihre Seele gefangennehmen würde.

Wammasai und Wambugo trotteten mit betretenen Gesichtern den Hügel herunter. Sie waren eine große Hilfe gewesen! Ihre starke „Mama“ war auch ohne sie ganz gut zurechtgekommen.

Während meines Aufenthaltes dachte ich noch oft an die beiden Massai-Krieger, die wie die Störche an der Öffnung meines Zeltes gestanden hatten – große, schlanke und kantige junge Männer mit Gesichtern, die aussahen wie gemeißelt – neugierig auf die fremde Frau, die in das Land eingedrungen war, dessen stolze Besitzer sie waren. Sie waren Angehörige eines Volkes, das diese Gegend schon seit Jahrhunderten durchstreifte.

Ständig war das Rascheln von Federn in der Luft

Ich fragte mich, was die Massai wohl über die riesigen Flamingokolonien dachten, die dieses Land mit ihnen teilten. In der Folklore des Stammes war nur sehr wenig über die Flamingos zu finden gewesen. Doch da die Massai für alles, was ihr tägliches Leben nicht direkt betrifft, keinerlei Interesse aufbringen, sind Geschichten über die Vögel selten. Löwen, Leoparden, Hyänen und andere Raubtiere dagegen kommen in ihren Legenden häufig vor.

Bei meinen Nachforschungen war ich jedoch auf eine Massai-Legende gestoßen, die mich fasziniert hatte. Die Massai glauben, daß die jungen Flamingos nicht aus Eiern schlüpfen wie andere Vögel. Der Legende zufolge steigen sie schon bei der Geburt flugfähig aus der Mitte des Sees auf, und zwar kommen sie mit den Füßen zuerst an die Oberfläche und nehmen erst einen oder zwei Meter oberhalb des Wasserspiegels ihre normale aufrechte Haltung ein. Dann fliegen sie an den Rand des Sees, um zu fressen. Die Massai sind überzeugt, daß diese Geburten zu bestimmten Jahreszeiten stattfinden, und daß die Flamingos zu anderen Zeiten wieder in den See hinabtauchen, und dort herumliegen, bis es Zeit ist, wieder an die Oberfläche zu kommen.

Ein Absinken des Wasserspiegels brachte die Kolonien dichter ans Ufer

Diese Legende läßt sich leicht erklären. Die Flamingos brüten auf den weit vom Ufer entfernt liegenden Schlammbänken, und wegen der wabernden Hitze können die Massai sie vom Land aus nicht erkennen. Der Anblick rosaroter Vögel, die scheinbar mit dem rosa Salzschlamm verschmelzen, erzeugt eine perfekte optische Täuschung, und es sieht so aus, als schwebte der Vogelschwarm einen oder zwei Meter über der Oberfläche. Überdies läßt die Luftspiegelung die Vögel im Wasser scheinbar auf dem Kopf stehen, was erklärt, warum die Massai glauben, die Vögel würden mit den Füßen vorweg auftauchen.

Da die Flamingos in regelmäßigen Abständen zu anderen Seen ziehen und diese Wanderungen stets in den etwas kühleren Nächten unternehmen, ist auch verständlich, warum die Massai glauben, daß die Vögel dorthin zurückkehren, wo sie herkamen – ins heiße Wasser in der Mitte des Sees.

Obwohl die Massai mich faszinierten, hatte mich ihr plötzliches und regloses Erscheinen in meinem Lager doch sehr erschüttert. Ich hatte jedoch keine Zeit, mir Gedanken über mögliche Gefahren zu machen. Ich war schließlich hier, um Flamingos zu fotografieren, und diese Arbeit war härter, als ich erwartet hatte.

Allmählich begannen die Belastungen und die Monotonie der Arbeit in dieser unwirtlichen Mondlandschaft mir auf die Nerven zu gehen. Ich suchte nach Vorwänden, das Camp zu verlassen, doch der einzige Grund, den ich tatsächlich hatte, war ein Besuch am Wasserloch. Ich hatte diesen schattigen Zufluchtsort rein zufällig entdeckt. Eines Tages kurz nach unserer Ankunft war ich mit dem Wagen unterwegs, auf der Suche nach einem neuen Platz zum Fotografieren der Vögel, als ich plötzlich eine etwa sechs Meter hohe Akazie mit grünen Blättern entdeckte, die ihre verkrüppelten Artgenossen turmhoch überragte. Darunter fand ich ein Fleckchen grünes Gras. Und ein Becken voll Wasser.

Eine Oase!

Aber ich übertreibe, was das Becken angeht. Dieses Wasserloch bestand nur aus zwei aufgeschnittenen 200-Liter-Fässern, die zu einem Trog zusammengeschweißt waren. Ein einzelner Hahn an einer langen Wasserleitung spendete einen Strahl lauwarmen Wassers. Später erfuhr ich, daß die Briten, die in den vierziger Jahren die Magadi-Salzfabrik erbauten, eine Wasserleitung zu diesem abgelegenen Ort gelegt hatten, um die Massai und ihre Herden aus struppigen Rindern und Ziegen mit Trinkwasser zu versorgen.

Dennoch war diese Wasserstelle eine Oase des Lebens in der verdorrten Wüste. Kleine Vögel flogen heran, um einen Schluck Wasser aus dem Becken zu nehmen, und zirpten vor lauter Aufregung darüber, ein solches Juwel in der Wüste gefunden zu haben. Massai-Hirten saßen auf den vom tropfenden Wasser gespeisten Grasbüscheln im dürftigen Schatten der Akazie und machten ein Nickerchen oder erzählten Geschichten. Seit mich die beiden Krieger vor meinem Zelt aus dem Schlaf geschreckt hatten, war ich noch vielen weiteren Massai begegnet, vor allem älteren Leuten, Hirten, Frauen und Kindern, und hatte keine Angst mehr vor ihnen. Gelegentlich saß ich neben einem alten Massai im Schatten und teilte schweigend die uns umgebende feindliche Umwelt mit ihm. Zwei Menschen aus verschiedenen Welten, einzig verbunden durch die kurze gemeinsame Erfahrung, im Rift Valley zu überleben.

Das Wasserloch lag nur wenige Meilen vom Camp entfernt, doch in dem felsigen Gelände betrug die Fahrzeit mehr als eine Stunde. Gelegentlich begleiteten mich Wammasai oder Wambugo; auch sie freuten sich über eine Unterbrechung der täglichen Routine. Wir füllten die Trinkwasserkanister, in denen sich ursprünglich das aus Nairobi mitgebrachte Wasser befunden hatte, und brachten sie zurück zum Camp. Aus Angst vor Krankheiten wagte ich nicht, das Wasser zu trinken, so gern ich es getan hätte.

Einen Teil des Wassers verwendete ich zum Baden. Neben meinem Zelt hatte ich ein kleines Stück Sperrholz ausgelegt, auf das ich mich stellte und mich dann mit dem lauwarmen Wasser besprengte – keine Probleme mit Kalt- oder Warmwasserhähnen –, meinen Körper einseifte und dann mit so wenig Wasser wie möglich abspülte. Die extreme Hitze ließ meinen Körper schnell trocknen.

Einmal in der Woche wusch ich meine Haare. Warum ich sie nicht abschnitt? In alten Hollywood-Filmen schneidet sich die Heldin stets die Haare ab, um die Härten des Dschungellebens besser ertragen zu können. Ich war jedoch der Ansicht, daß jemand, der hart genug ist, um solch einen schrecklichen Ort aufzusuchen, entschlossen genug, die Hitze zu ertragen, den Staub, die Insekten und die wilden Tiere, auch das Recht hat, seine Haare zu behalten. Dieses Problem wurde zu einer echten Prüfung meiner Willenskraft, doch ich behielt mein langes

Haar – zumindest einen Teil davon. Unzählige Strähnen hängen noch heute wie Lametta an den Dornsträuchern des Rift Valley.

Eines Tages, als ich gerade meine Haare unter dem Wasserhahn wusch, bemerkte ich ein wunderschönes, etwa sechzehnjähriges Massai-Mädchen, das mich beobachtete. Sie hatte ein Baby auf dem Arm, und um sie scharten sich zwei kleine Kinder und sechs Ziegen. Die Ziegen, die der Geruch des Wassers halb verrückt gemacht hatte, sprangen in den Trog und planschten darin herum wie lustige Clowns. Wie bei den Massai-Frauen üblich, war der Kopf des Mädchens geschoren, nicht wegen der Hitze, sondern weil das als schön galt. Ich war mir sicher, daß das Mädchen noch nie blonde Haare gesehen hatte, und fragte mich, was sie wohl dachte. Ich sah sie öfters am Wasserloch und wurde jedesmal interessiert gemustert. Ich hätte gern mit ihr gesprochen und ihre Gedanken erfahren.

Eine Massai-Frau kam auf mich zu

Ich beschloß, sie oder zumindest eine andere Massai-Frau zu fotografieren. Etwa eine Meile von meinem Camp entfernt lag ein Massai-*engang*, eine Siedlung aus vielleicht zwanzig Hütten, in der mehrere Familien hinter Schutzwänden aus Dornenzweigen lebten, die sie selbst und ihr Vieh vor Löwen und anderen Raubtieren schützen sollten. Die igluförmigen Hütten bestanden aus Zweigen und Gras, bestrichen mit einer dicken Schicht aus Kuhmist und Schlamm, die dafür sorgte, daß es im Innern auch während der Regenzeit warm und trocken blieb. Zu jener Zeit hatte ich schon einiges über die Massai gelernt und wußte, daß die Männer draußen bei den Rinder- oder Ziegenherden sein würden, während die Frauen bei den Hütten blieben und auf die Kinder aufpaßten.

Ich nahm Wammasai mit, und als ich zu der Siedlung hinauffuhr, wurde ich von einer Gruppe Frauen neugierig gemustert. Ich lächelte, stieg aus dem Wagen, hielt den Frauen ein paar Münzen und meine Hasselblad-Kamera

Stolz führt sie mir ihren gesamten Schmuck vor

hin und sagte „picky, picky“, ein Ausdruck, der zwar albern klingen mag, den ich aber bei den Massai schon gehört hatte.

Eine ältere Frau schaute auf das Geld, dann auf mich und dann wieder auf das Geld. Sie versammelte zehn andere Frauen dicht um sich, und es setzte eine lebhafte, von Kichern durchbrochene Diskussion ein. Wie immer wirkte Wammasai hellwach und angespannt, als fürchtete er, plötzlich um sein Leben rennen zu müssen. Diese Frauen waren wesentlich aggressiver als die unterwürfigen Frauen seines Stammes.

Plötzlich liefen die Frauen zu ihren Hütten und verschwanden in ihnen. Ich fühlte mich abgelehnt und stieg wieder in den Landrover. Ich wollte gerade losfahren, als die Frauen zurückkamen, geschmückt mit Ketten aus roten, blauen und gelben Perlen, Ohrringen und Reifen um Hand- und Fußgelenke und um den Hals. Es mußte der gesamte Schmuck sein, den sie besaßen. Im Gegensatz zu den anderen Massai, denen ich begegnet war, wollten diese Frauen von mir fotografiert werden!

Wammasai hielt den Reflektor hoch, während ich die Frauen vor die ausgetrocknete Wand einer Hütte stellte. Zuerst waren sie ein wenig schüchtern, doch sie waren so glücklich darüber, in all ihrem Schmuck fotografiert zu werden, daß sie schon bald anfingen zu lächeln. Mir war es gelungen, ihre Ängstlichkeit zu überwinden, weil ich eine Frau war – und ganz offensichtlich der Boß.

Als ich genügend Fotos hatte, gab ich jeder von ihnen einige Schillinge, insgesamt etwa zwei Dollar. Ich wollte gerade gehen, da berührte die ältere Frau meine Hand. Es war nur eine leichte Berührung, ein ganz flüchtiger Kontakt, doch er vermittelte mir ein Gefühl von Wärme. Dann berührte jede der Frauen schweigend meine Hand. Ein Band war geknüpft, und ich wußte, ich würde in Massailand nie wieder allein sein.

Wir unterhielten uns ohne Worte

Vom Kamm des Steilhanges aus konnten wir die Flamingos aus einem neuen Blickwinkel betrachten

Eines Nachmittags, als ich das Camp nicht mehr sehen konnte, schnappte ich mir Kamera und Stativ und fuhr mit Wammasai über den Damm auf die andere Seite des Sees. Mit krachendem Getriebe quälten wir uns einen schmalen zerfurchten Pfad hinauf, der sich bis zum Kamm des Nguruman-Steilhanges schlängelte. Ein heißer, trockener Wind strich über ihn hinweg, und wir benutzten den Wagen, um uns vor ihm zu schützen. Von diesem Aussichtspunkt aus offenbarte sich uns der afrikanische Kontinent. Das beeindruckende Rift Valley zerteilte das Land. Eingebettet in den Graben lagen der Magadisee und, kaum noch sichtbar, unsere grünen Zelte auf dem unter uns liegenden braunen Land. Über die blaue Bühne des Sees tanzte ein lebendes Chiffontuch aus rosa Flamingos zu einer Musik, die nur sie hören konnten.

Von diesem hochgelegenen Ort aus konnte ich das Verhalten der Flamingos aus einem neuen Blickwinkel beobachten und sah Dinge, die mir zu ebener Erde nicht aufgefallen waren. Um uns herrschte Stille; der Wind hatte sich gelegt. Ich empfand es als Privileg, hier stehen zu können und eine der schönsten Aussichten zu genießen, die je in mein Bildgedächtnis aufgenommen wurden. Selbst Wammasai war auf seine undurchschaubare Kikuyu-Art beeindruckt.

Das Licht wurde zusehends schwächer, als Wammasai eilig die Kamera mit dem riesigen 900-Millimeter-Objektiv auslud und in dem Geröll am Rande des Steilhanges einen sicheren Platz für das Stativ auswählte. Ich schaute durch die Kamera und sah etwa dreißig Flamingos, aufgereiht wie lebende Noten in einer Partitur. Es war zu schön, um wahr zu sein. Der eingebaute Motor spulte den Film Bild um Bild vor. Ohne mein Auge vom Sucher zu nehmen, drückte ich Wammasai die Behälter mit den belichteten Filmen in die Hand. Während ich neue Filme einlegte und belichtete, sicherte er das Stativ vor dem Wind, der wieder eingesetzt hatte und um den Landrover pfiff. Wir arbeiteten perfekt zusammen: Beeilung, bevor die Sonne weg ist! Doch irgendwann begann die Farbe wegzuschmelzen, und obwohl das restliche Tageslicht für weitere Fotos ausgereicht hätte, war die magische Stunde doch vorüber. Ich entspannte mich und trat von der Kamera zurück. Ich wußte, ich hatte die Szene eingefangen.

In diesem Augenblick erst bemerkte ich die beiden Massai, die auf einem Felsen hinter mir saßen. Beide waren ziemlich alt, vielleicht achtzig und sechzig, und der geschorene Kopf des jüngeren war gekrönt mit einem Schwarm schwarzer Fliegen. Ihre Ohrläppchen, schon vor langer Zeit durch Holzpflöcke gedehnt, waren mit leuchtend bunten Perlen geschmückt. Ich schaute zu Wammasai hinüber, doch sein nervöser Blick erinnerte mich daran, daß er genausowenig mit ihnen reden konnte wie ich. Von den beiden Massai ging eine stoi-

Einer der schönsten Anblicke meines Lebens

sche Ruhe aus, und einem Impuls folgend, winkte ich sie an die Kamera heran. Der ältere ging voran, gestützt auf einen Stock. Ihre knochigen Beine waren bis zu den Knien mit braunem Staub bedeckt, und ich nahm an, daß die beiden von der nächsten Massai-Siedlung kamen, die immerhin 35 Kilometer entfernt lag. Noch immer aufgeregt, zeigte ich auf die weit entfernten Flamingos und dann auf die Kamera. Die Augen des älteren leuchteten auf, als er verstanden hatte, und er trat vor, nicht ganz sicher, was er tun sollte. Als er sich zum Sucher hinunterbeugte, legte ich sanft die Hand über eines seiner Augen.

„Aaaah!“ Er sprang entsetzt von der Kamera zurück, fuchtelte mit den dürren Armen und stieß einen Schwall Massai-Worte hervor. Sein erschrockener Begleiter schob sich an die Kamera heran und machte dann ebenfalls einen Riesensatz. Beide sprachen in schier unglaublicher Geschwindigkeit aufeinander ein. Keiner von ihnen konnte das Wunder der 900-Millimeter-Vergrößerung verstehen. Es muß ihnen vorgekommen sein wie ein mysteriöses Phänomen, das plötzlich vor ihren Augen erschienen und gewachsen war.

Seltsamerweise kam ich nicht auf die Idee, ein Foto von den beiden Massai und ihrer lebhaften Reaktion auf die Flamingos zu machen. Intuitiv wußte ich wohl, daß dies kein Bild geben konnte, dieses war die Wirklichkeit.

Mehrere Tage später, auf einer Fahrt zum Wasserloch, begegnete uns ein Massai, der über das staubige Land schritt wie ein Prophet aus dem Alten Testament, gestützt auf das stumpfe Ende seines Speeres, den er als Wanderstab benutzte. Als er den Wagen hörte, stellte er sich uns in den Weg, und sein Blick verlangte, ihn mitzunehmen. Ich bremste einige Meter vor ihm, er öffnete die hintere Tür und kletterte zu Wambugo in den Wagen.

Ich mußte mich ducken, um dem Speer des Massai auszuweichen, als er seine beachtliche Größe – er war mindestens 1,95 Meter groß – in den Sitz faltete. Sein durchdringender Geruch nach Erde, Tieren, Blut und Rauch attackierte meine Nase. Als ich wieder anfuhr, packte er seinen Speer fester und schaute unverwandt nach vorn. Im Rückspiegel konnte ich sehen, daß Wambugos Augen hin- und herschossen wie die eines Leoparden. Wammasai warf mir einen Blick zu, der zweifellos „Was macht Mama denn nun schon wieder?“ bedeutete.

Nach einer Weile sagte der Massai etwas zu Wambugo, der darauf mit einem langgezogenen „Uuuuh … huuum“ antwortete. Dem Massai gefiel dies, und er sprach erneut, woraufhin Wambugo eine lange Erwiderung in Suaheli von sich gab. Der Massai muß das sehr lustig gefunden haben, denn er lachte und setzte seinen Redefluß fort. Wambugo antwortete mit Kichern und kurzen Bemerkungen. Schon bald lachten die beiden wie betrunkene alte Freunde, obwohl keiner den anderen verstand.

Auf dem Vordersitz begann Wammasai zu kichern und dann zu lachen. Für mich war diese absurde Szene eine willkommene Ablenkung von der Hitze, und ich mußte ebenfalls kichern. Es muß ein überaus komischer Anblick gewesen sein: Eine weiße Frau mit im Wind flatterndem Haar kichert mit einem riesigen Massai und zwei Kikuyu auf der Fahrt im Licht der untergehenden Sonne.

Im Laufe der Zeit schwanden meine Ängste in bezug auf die Dunkelheit und die Massai. Mein winziges Camp war zu einer Insel der Sicherheit in der gewaltigen Einöde des Rift Valley geworden.

Dieser Gedanke hatte etwas ungemein Beruhigendes – doch leider wurde ich eines Nachts eines Besseren belehrt.

Die ganze Schönheit der Wüste, gesehen von unserem Aussichtspunkt

5

Tanz mit dem Teufel

Tanz mit

Es gab keinen Schatten, außer meinem eigenen. Die Sonne, eine weißglühende Scheibe, die ihre glühenden Finger nach mir ausstreckte, schien die Anziehungskraft der Erde zu verstärken und machte jede noch so kleine Bewegung zur Qual. Die unerträgliche Hitze schlug mir aufs Gemüt und machte mich energielos und reizbar. Ich konnte mich nicht daran erinnern, in den letzten Tagen auch nur einmal gelächelt zu haben, und ich spürte die Stunden und Minuten jedes endlosen Tages in meinem Körper ablaufen wie ein nie endendes Band.

Es heißt, es würde in diesem Graben so heiß, daß der menschliche Körper in einen Schockzustand versetzt wird und nicht länger funktionieren kann. Ich stand kurz vor diesem Punkt. Ich mußte mich bewußt zu jeder Bewegung zwingen: Steh auf! Geh zu diesem Stuhl! Jetzt! Der Schweiß rann an mir herunter: Beweg dich! BEWEG DICH!

Ich plumpste in meinen Stuhl, zu erschöpft, den Stift zu ergreifen und etwas in das Tagebuch zu schreiben. „Wenn der Teufel auf der Erde leben würde", dachte ich, „würde er sein Zelt mit Sicherheit in meinem Camp aufschlagen.

Die glühende Hitze wirkte lähmend auf Körper und Geist

Die langen Schatten, die den Graben am späten Nachmittag überspannten, brachten etwas Erleichterung, und ich begrüßte die hereinbrechende Nacht, vor der ich mich anfangs so gefürchtet hatte. Die Schreckensvisionen von Löwenpranken, die die Zeltleinwand aufschlitzten, wichen einem tiefen, traumlosen Schlaf der Erschöpfung. Das Zelt war für mich zu einem Schutzwall geworden; es schützte mich vor jeglicher Gefahr; es schützte mich vor der Außenwelt. Doch eines Nachts brachen die mürben Wände meiner Burg unerwartet über mir zusammen.

Das Geräusch war ohrenbetäubend, eine plötzliche, ungeheure Explosion direkt neben meinem Ohr. Ich fuhr hoch. Panische Angst jagte durch meinen Körper.

Eine Stampede!

In der tiefdunklen Nacht stampften direkt außerhalb des Zeltes Hunderte von Tieren, großen Tieren, vorbei – eine alles niederwalzende Lawine aus halbverrückten Tieren. Ich konnte ihren Schweiß riechen und fühlte das Flattern der Zeltwände, während sie um mich herumgaloppierten. Jede Sekunde konnte der mürbe Stoff reißen, und die Tiere würden

dem Teufel

durchbrechen. Wohin? Meine Gedanken rasten auf der Suche nach der Antwort: Die Akazie vor dem Zelt – unmöglich; der Landrover – zu weit weg. Dann die niederschmetternde Erkenntnis: nirgendwohin. Das Hämmern von Tausenden von Hufen dauerte an.

„Sie laufen um das Zelt herum und nicht mitten hindurch!“ rief ich. Und dann der Stoßseufzer: „Es ist vorüber“.

So plötzlich, wie die Tiere mit ihrem donnernden Hufschlag aufgetaucht waren, verschwanden sie auch wieder. Dieses Erlebnis versetzte mir einen tiefen Schock: mein Zufluchtsort bot keinerlei Sicherheit.

„Wambugo, Wammasai, okay?“ rief ich in die Nacht hinaus.

Nach einer Sekunde kam Wambugos Antwort, „Okay, *Memsahib.*“

Ich lag wach und überlegte, welche Kraft in dieser Stampede gesteckt hatte und wie schnell und plötzlich die Tiere aufgetaucht waren, Außerdem machte ich mir Gedanken darüber, wie schutzlos ich in meinem Zelt war. Sollte ich lieber im Wagen schlafen? Vielleicht Wammasai und Wambugo in mein Lager herunterholen? Mit diesem Gedanken und einem Gefühl der Verletzlichkeit fiel ich, von der Tageshitze erschöpft, in einen unruhigen Schlaf.

Bei Sonnenaufgang waren die Hufspuren der Tiere im Staub bereits von der morgendlichen Brise ausgelöscht worden. Das Lager hatte nur geringe Schäden erlitten. Die wilden Tiere – um welche es sich auch gehandelt haben mochte, Zebras vielleicht oder Kaffernbüffel – müssen mit Radar gearbeitet haben, um in der Finsternis den Zelten auszuweichen. Was für Tiere waren es gewesen?

Noch wichtiger: Würden sie zurückkommen?

Während ich hinter meiner Tarnwand saß und versuchte, das Rätsel der nächtlichen Stampede zu lösen, zeigten sich die ersten Sonnenstrahlen am fahlen Morgenhimmel. Über dem See bildete die Hitze bereits flimmernde Strömungen am Horizont. Dann entdeckte ich etwas Ungewöhnliches in der Ferne – eine Unebenheit in der spiegelblanken Oberfläche des Sees. Ich kniff die Augen zu schmalen Schlitzen zusammen, und das Bild begann Form anzunehmen: schattenhafte Umrisse irgendwelcher Tiere, die durch das flache Wasser stapften, scheinbar auf seiner Oberfläche liefen. Antilopen? Sie näherten sich meinem Versteck und kamen immer dichter heran.

Gnus!

Zehn oder zwanzig von ihnen, nein, vierzig oder mehr, die im vollen Galopp auf mich zukamen und das salzige Wasser hoch aufspritzen ließen. Ich machte mich noch kleiner in meinem Versteck. Als die Tiere bockend, ausschlagend und wie Nebelhörner grunzend auf mich zupreschten, konnte ich ihre langen, von struppigen gelben Bärten umrahmten Clownsgesichter deutlich erkennen. Knapp zwanzig Meter vor mir schwenkten die Gnus zur Seite, schnaubten und verspritzten Schlamm, selbst als sie das feste Land bereits erreicht hatten; sie rannten weiter und verschwanden schließlich in einer Staubwolke hinter einem Hügel.

Verrückte Biester! Sie benahmen sich wie überdrehtes mechanisches Spielzeug. Die Gnus – die sowohl einem Pferd als auch einer Kuh und einer Antilope ähneln – sehen aus, als wären sie zum Leben erwachte Höhlenmalereien oder Überbleibsel aus prähistorischen Zeiten. Ich war verblüfft. Warum hatten diese wildgewordenen Tiere den weiten Weg den Steilhang herunter auf sich genommen? Das Wasser der Salzseen war ungenießbar. Und vor allem, warum waren sie ausgewichen und nicht in meine Tarnung gekracht?

Gnus galoppierten ausgelassen durchs Wasser

Das Rätsel blieb einige Tage lang ungelöst, bis ich Wammasai auftrug, Feuerholz zu besorgen. Eine Stunde später war er noch nicht zurück, und ich begann, mir Sorgen zu machen. Doch schließlich kam er, mit einem drei Meter langen Baum auf dem Rücken. Meine Anweisungen auf Suaheli waren wie immer bruchstückhaft gewesen, so daß er sie nicht genau verstanden hatte, und deshalb hatte er, erfinderisch wie er war, einen ganzen Baum umgehackt. Der Baum, der erstaunlicherweise grüne Blätter hatte, war keine Akazie, und in Zeichensprache fragte ich ihn, wo er ihn gefunden hätte.

Wammasai zeigte auf den Hügel, über den die Gnus verschwunden waren. Ich machte mich auf den Weg, die steile Anhöhe hinauf, bis ich den Gipfel erreicht hatte. Auf der anderen Seite erstreckte sich eine Sumpflandschaft mit üppigem hohem Gras und Dutzenden von kleinen grünen Bäumen. Gruppen von Gnus wälzten sich in den Wasserstellen, schnaubend und spritzend, und stupsten ihre Kälber herum. Ich hatte das Paradies der Gnus entdeckt.

Was für einen wundervollen Lagerplatz dieser Ort abgeben würde. Doch meine Flamingos fehlten. Ich warf noch einen bedauernden Blick auf die grüne Weite und kehrte dann zurück in mein trostloses Camp am Rande des salzverkrusteten Magadisees.

Die tägliche Routine des Fotografierens ging weiter, und mir fielen am Rande der Kolonie lauernde Raubtiere auf, die ich vorher nie bemerkt hatte. Obwohl es heißt, daß Flamingos von Hyänen, Leoparden, Geparden und sogar Löwen erbeutet werden, sind ihre größten Feinde doch andere Vögel: Raubadler und Marabus. Ein vierfüßiges Raubtier muß schon sehr hungrig oder sehr furchtlos sein, um sich auf die Salzbänke hinauszuwagen und den klebrigen Schlamm zu betreten, doch die Adler, Geier und Marabus können dieses Hindernis einfach überfliegen.

Marabus sind große, häßliche Vögel mit einem fast nackten Kopf und einem mächtigen keilförmigen Schnabel. Der gebogene Rücken läßt sie aussehen wie Bestattungsunternehmer. Gruppen von Marabus waten durch die Flamingokolonien und hacken mit dem tödlichen Schnabel auf die Eier und die einwöchigen Küken ein. Das hohle Krachen, wenn der Schnabel Eierschalen, Knochen und Haut durchschlägt, ist ein furchtbares Geräusch.

Wie der Schatten des Todes

Gelegentlich erheben sich die ausgewachsenen Flamingos, stürzen sich auf die größeren Marabus und treiben sie fort, doch im Grunde sind sie diesen methodisch arbeitenden Räubern wehrlos ausgeliefert. Manchmal schließen sich die durch das unablässige Plündern ihrer Nester aufgebrachten Flamingos jedoch zu einer undurchdringlichen Phalanx zusammen und verjagen ihre Feinde durch eine gemeinsame Attacke. Doch auch diese Maßnahme verschafft ihnen nur eine kurze Ruhepause.

Die Zahl der Flamingos, die Räubern zum Opfer fallen, ist hoch, doch im Vergleich zur Anzahl der Tiere, die eines natürlichen Todes sterben, ist sie verschwindend gering. Während meines Aufenthaltes sah ich jeden Morgen am Ufer herumliegende Kadaver. Sie wurden jedoch sehr schnell von der „Marabu-Strandreinigungs-Patrouille“ vertilgt.

Die Marabus suchen das Ufer nach toten Flamingos ab

Gelegentlich entdeckte ich einen im heißen Schlamm festsitzenden Flamingo. Ich haßte das Gefühl der Hilflosigkeit, das aufkam, wenn ich einem Vogel zusehen mußte, dessen Beine tief eingesunken waren und der verzweifelt mit den Flügeln schlug, um aus dem Schlamm herauszukommen. Die Schlammbrühe bedeckte seine Flügel, und bei jedem Flügelschlag sprühten kleine Tropfen. Schließlich sank der große Vogel erschöpft auf die schwarze Oberfläche, um sich nie wieder zu erheben.

Und doch haben die Flamingos seit dem Zeitalter der Dinosaurier überlebt, sich in ihrem gefährlichen Exil vermehrt und werden bis zu fünfzig Jahre alt.

Mit dem Schnabel wird Schlamm für den Nestbau nach oben gezogen

Die Balz der Flamingos ist eine merkwürdige Angelegenheit, die eher wie Possenreißerei aussieht als wie eine Demonstration gegenseitiger Zuneigung. Leslie Brown fühlte sich erinnert an „betrunkene Männer, die tun, was wir in unserer Studentenzeit auf Trinidad taten – wir drängten uns im Rhythmus der Calypso-Musik zusammen und benahmen uns wie Verrückte".

An diesem Balztanz nehmen Hunderte, vielleicht Tausende der Vögel teil. Zunächst drängen sie sich zu einer dichten Masse zusammen, die Brust eng am Rücken des Vordermannes, und rennen dann urplötzlich los, als hätte jemand eine Startpistole abgefeuert. Aus unerklärlichen Gründen machen sie dann kehrt und rennen zurück. Das tun sie viele Male, immer mit aufgeregtem Quaken und Zirpen. Über die Masse der dicht zusammengedrängten Körper erheben sich unzählige Hälse wie ein schwankendes rosafarbenes Blumenmeer, und darunter liegt ein dürrer Wald aus körperlosen Beinen. Das Ganze sieht aus wie ein riesiger Tausendfüßer, dessen Beine vom Gehirn nur unzusammenhängende Befehle bekommen.

Diesem Gruppenauftritt der Rosa- und Zwergflamingos können Einzeltänze folgen wie zum Beispiel der Gruß, bei dem die Vögel starr aufgerichtet dastehen und den Schnabel zum Himmel recken. Bei dieser Flamingo-Ver-

Ein wundervoller Tanz hilft, den richtigen Partner zu finden

(Folgende Seite) Sogar die Paarung der Flamingos ist einzigartig

sion des Strammstehens schlägt der Vogel dann plötzlich die Flügel auf, hält sie einen Augenblick lang ausgebreitet und schlägt sie dann ebenso plötzlich wieder zu. Die Vögel drehen sich auch, putzen das Gefieder und strecken ein Bein steif nach hinten, wobei sie aussehen wie Eiskunstläufer, bis es ihnen gelungen ist, die Aufmerksamkeit eines Weibchens zu erregen. Das Männchen folgt dem Weibchen, streckt den Hals über den Rücken des Weibchens und berührt es mit dem Schnabel. Wenn das Weibchen stehenbleibt, paaren sich die Vögel, wobei das Männchen mit ausgebreiteten Flügeln die Balance hält.

Um ihre Eier legen zu können, müssen die Flamingos zuerst Schlamm mit der richtigen Konsistenz zum Nestbau finden. Das typische Nest ist ein bis zu vierzig Zentimeter hoher Kegel aus Schlamm mit dem Durchmesser eines großen Tellers. Beim Nestbau steht einer der beiden Vögel über dem gewählten Platz und schiebt den Schlamm vom Grund des Gewässers mit dem Schnabel zwischen seine Beine. Dann wird der Schlamm mit Schnabel und Füßen an seinen Platz gedrückt. In die Kegelspitze wird eine kleine Mulde für das Ei gearbeitet. Flamingos legen gewöhnlich nur ein Ei, doch das Weibchen kann noch ein zweites legen, wenn das erste innerhalb der ersten Tage einem Räuber zum Opfer fällt.

Obwohl die salzhaltige Brühe, aus der die Vögel den Schlamm holen, bis zu sechzig Grad heiß ist, hat die Spitze des Kegels wegen der Verdunstung und der Kühle des Schlamms nur noch Körpertemperatur. Wenn das Küken das Nest verläßt, muß es sich fühlen, als träte es in eine heiße Badewanne voller Salzwasser.

Ich hatte Unmengen von Fotos von den balzenden Flamingos und auch von Nestbau und Brut gemacht, doch ich hätte die Tiere gern näher an meine Tarnwände herangelockt. Wie wäre es, wenn ich es mit Lockvögeln versuchte?

Mit einem Kugelschreiber zeichnete ich ein Dutzend ovaler Formen mit unregelmäßigen Umrissen auf die Unterseiten einiger Kartons, und auf die Seitenteile zeichnete ich Hälse und Köpfe. Wambugo schnitt sie sehr sorgfältig mit einem Küchenmesser aus. Wammasai sammelte Stöcke, die wir als Beine verwenden konnten. Ich nahm eine Rolle graues Isolierband –

Anschauungsunterricht, wie ich mir die Attrappen vorstellte

Stolz führt Wammasai unsere Erfindung vor

ein Fotograf reist *nie* ohne Isolierband – und versuchte, Kopf und Hals aneinanderzukleben. Leider haftet Isolierband bei fünfzig Grad Hitze nicht mehr. Schließlich kam ich auf die Idee, die Attrappen im Schatten des Landrovers zusammenzukleben. In Nairobi hatte ich ein paar Dosen mit roter und weißer Farbe gekauft, die ich nun zusammenmischte, um meine Attrappen rosa zu streichen. Wir stellten unseren kleinen Schwarm von Pappvögeln am Rande des Sees in die Nähe einer Tarnwand.

Am Morgen ihres ersten Auftritts waren wir voller Erwartungen. Zunächst begegneten die Flamingos unseren Pappvögeln mit gelindem Mißtrauen, das bald in Verachtung umschlug; sie waren nicht bereit, sich mit einer niederen und ganz offensichtlich bewegungsunfähigen Spezies einzulassen. In der Hitze der Mittagssonne schmolz der Klebstoff auf dem Isolierband, und die Pappkörper fielen einer nach dem anderen herunter, so daß schließlich nur noch die hölzernen Beine im Schlamm steckten.

Mit noch mehr Klebeband reparierte ich meine Attrappen und setzte sie in einen nicht weit von den Flamingos entfernten Frischwasserzufluß. Zu meiner Genugtuung schienen sich die Vögel nun vor den Pappkameraden zu fürchten und zogen sich zurück – genau auf meine Tarnung zu.

Eines Tages bemerkte ich eine hektische

Erst eine Farbmischung ergab das „Flamingo-Rosa“

Unruhe unter den Vögeln; sie sträubten ihr Gefieder und stießen nervöse Schreie aus. Ich hielt dies für ihre Reaktion auf einen Räuber, der in ihre Kolonie eingedrungen war. Doch dann merkte – genauer gesagt, fühlte – ich, daß das Wetter umgeschlagen war. Die Temperatur sank schnell um zehn Grad auf unter vierzig Grad, was der Luft vorübergehend eine gewisse Frische verlieh. Ein goldener Dunst verdeckte die Sonne, als wäre ein Filter über sie gelegt worden. Irgend etwas Merkwürdiges ging hier vor. Ich schnupperte. Ein Regenschauer? Ich sah zu Wambugo. Er war angespannt wie ein erschreckter Hirsch kurz vor der Flucht. Was passierte hier? Gab es Regen?

Was auch immer es war, es kam durch das Tal auf uns zu, eine unheildrohende Wand aus Grau und Braun, die den Wüstenstaub anderthalb Kilometer hochwirbelte.

Ein gewaltiger Staubsturm.

Er prallte mit unvorstellbarer Wucht auf das Camp, und der herumwirbelnde Sand verdunkelte den Himmel. Wammasais und Wambugos Zeltbahn wurde in Fetzen gerissen, und die Veranda von meinem Zelt löste sich und peitschte laut knatternd an ihren Seilen. Decken, Töpfe und Werkzeuge wurden in Richtung See davongetragen. Wir rannten alle drei über das Geröll und versuchten, irgend etwas zu erwischen, Papiere, Wäschestücke, mein Filmtagebuch.

Der wirbelnde Staub stach in meine Haut wie tausend Bienen

Die aufgepeitschte Erde schlug mir ins Gesicht und prasselte auf meine nackten Arme und Beine, als das Zentrum des Sturms um meine Ohren heulte und mir das Haar hochwirbelte. An den Schlammbänken angekommen, rettete ich mein Tagebuch und alle Papiere, die ich erwischen konnte.

Die Flamingos! Ich kniff meine Augen zu schmalen Schlitzen zusammen und sah Tausende von Vögeln, die bewegungslos im goldenen Dunst des Sturmes standen. Sie hatten die Köpfe an den Körper gedrückt und ließen den Sturm und die Gischt über sich hinwegbrausen. Es war ein großartiges Bild.

Ich quälte mich den Hügel hinauf zu meinem demolierten Zelt, stemmte dem Wind den Rücken entgegen und legte einen Film ein. Dann schnappte ich mir eine Decke und stolperte blindlings zurück zum Seeufer, rammte das Stativ in den Schlamm und richtete das Teleobjektiv auf die Flamingos. Ich wickelte die Decke um meinen Kopf und um das Kameragehäuse und schoß aus diesem dunklen Schutz heraus Bild um Bild, ohne mir des beißenden Windes länger bewußt zu sein.

Als der Film voll war, hatte der Sturm nachgelassen. Meine Arme und Beine brannten wie nach tausend Insektenstichen, und Staub verstopfte jede Pore meines Körpers, war in Nase und Ohren eingedrungen und knirschte zwischen meinen Zähnen. Ich war den Tränen nahe, als ich mir die Verwüstung anschaute: Wammasais und Wambugos Zelt bestand nur noch aus Fetzen, und meines lag flach und war aufgerissen; der mürbe Stoff hatte den Naturgewalten nicht standhalten können. Unsere Ausrüstung war über das steinige Gelände verstreut wie Abfall. Wir hockten uns auf einen Felsbrocken, die Ellenbogen auf den Knien, die Gesichter in den Händen vergraben. So blieben wir eine lange Zeit sitzen.

In der darauffolgenden Nacht bereute ich zum erstenmal, nach Afrika gekommen zu sein. Ich lag auf der Erde und verfluchte die unerträgliche Hitze, das schreckliche Land, in dem nichts überleben konnte, den widerwärtigen Staub und das mühselige Leben in diesem primitiven Camp. Was war aus meiner Safari geworden, meinem hübschen Ausflug in den Busch, um Flamingos zu fotografieren? Wo war die Safari, von der ich geträumt hatte? Die weißen Tischdecken, das Abendessen auf Porzellantellern, eisgekühlte Gin-Tonics? Wo waren die buscherfahrenen Führer, die mich zu den spiegelglatten Seen brachten, an denen ich meine Flamingos fotografieren konnte?

Der Traum war ausgeträumt. Er war zum Alptraum geworden.

Der gewaltige Sturm zerfetzte die Zelte wie Papier

(Folgende Seite) Die Flamingos während des Sturms

Aus dem heraufziehenden Sturm war ein Alptraum geworden

6

Konfrontation am Shombole

Konfrontation

Im fahlen Morgenlicht flickten wir die Zelte zusammen, so gut es ging, und sammelten alle Gegenstände ein, die der Sturm aus dem Lager gewirbelt hatte. Ich ging zum See hinunter und belichtete mehrere Filme, doch mir war klar, daß ich praktisch alle Verhaltensweisen der Flamingos auf dem Magadisee festgehalten hatte. Mir blieb also nur noch eines übrig: ich mußte zum Natronsee, auf dem ich die ersten Flamingos vom Flugzeug aus gesehen hatte – und dabei beinahe ums Leben gekommen wäre.

Ich mußte die rosa Insel wiedersehen.

Wammasai und ich beluden den Landrover für den Ausflug. Wir ließen Wambugo zur Bewachung des Camps zurück und fuhren über den Damm und dann den steilen Pfad zum Kamm des Steilhanges hinauf. Der Motor heulte gequält, als wir an den rostigen Überresten des Wagens vorüberkamen, den wir einige Tage zuvor entdeckt hatten. Oben auf dem Steilhang lag die Temperatur bei vierzig Grad, doch die Luft war frischer und die Hitze nicht so drückend wie in dem unter uns liegenden Camp. Im Süden war der Mount Shombole zu sehen, der an der uns am nächsten liegenden Seite des Natronsees aufragte. Sein vulkanischer Gipfel diente uns auf der dreistündigen Fahrt als Orientierungspunkt.

Im Westen, jenseits der Berge, erstreckte sich die Serengeti, ein riesiges Naturschutzgebiet, das sich in Tausenden von Jahren kaum verändert hat. Ich erinnerte mich an die Safari, die ich vor Jahren dorthin unternommen hatte, und an all die Tiere, die ich dort fotografieren konnte: Löwen, deren Fell im Licht der untergehenden Sonne erglühte; Elefanten, graue Nachfahren einer urzeitlichen Lebensform; Thompsongazellen (die wir kurz „Tommies" nannten); kleine rötliche Antilopen mit langsamen Bewegungen, die den Kopf hin- und herschwenkten, als wollten sie eine lästige Klette aus dem Ohr schütteln.

Auf unserem Weg zum Natronsee mußten wir uns durch hohes grünes Gras kämpfen. Am Himmel türmten sich Wolken, die uns einen gewissen Schutz vor der Sonne verschafften und die Temperatur auf angenehme 32 Grad sinken ließen. Ich fühlte mich wie auf einem Sonntagsausflug, zumindest so lange, bis wir an einigen Massai-Dörfern mit ihren Hütten aus Schlamm und Mist, umgeben von einer

am Shombole

Dornenwand aus Akaziengestrüpp, vorüberkamen. Ein junger Massai-Krieger musterte uns eingehend, als wir an ihm vorbeifuhren. Mir wurde unbehaglich zumute. Wir befanden uns in einem abgelegenen Teil von Massailand, weitab von den Straßen und Gesetzen der Zivilisation, und ich bezweifelte, daß dieser Massai schon einmal einen weißen Mann, geschweige denn eine weiße Frau zu Gesicht bekommen hatte.

Ein Blick auf die Karte ergab, daß das Dorf nicht eingezeichnet war. Wir befanden uns am Ende der als gepunktete Linie eingetragenen

Ein entzückendes Warzenschwein kam, um mich zu begrüßen

Straße, und vor uns verengte sich der Weg zu einem Rinderpfad, der höchstens halb so breit war wie unser Wagen. Aber, ob Rinderpfad oder nicht, ich würde dem Weg bis zum Ende folgen. Das trockene Gestrüpp zerkratzte die Seiten des Landrovers, als wir uns hindurchzwängten; zudem mußten wir häufig von Tieren gegrabenen Löchern ausweichen.

Eine Warzenschweinfamilie kreuzte unseren Pfad: Mama, Papa und vier kleine Ferkel mit aufgereckten Schwänzen, so daß die Quasten an ihren Enden aussahen wie Fahnen. Die Familie huschte zum Eingang ihres unterirdischen Baues, und es war ein überaus komischer Anblick, wie sie sich dort alle umdrehten und sich mit dem Hinterteil vorweg hineinschoben. Obwohl die letzten Tage eine Katastrophe gewesen waren, brachten die Kapriolen dieser Tiere mich zum Lächeln.

Das Lächeln verging mir jedoch, als plötzlich acht Massai-Krieger wie aus dem Nichts auftauchten und sich im Halbkreis vor den Wagen stellten. Die scharfgeschliffenen Spitzen ihrer Speere funkelten in der Äquatorsonne. Ich kurbelte schnell das Fenster hoch; Wammasai, der auf dem Beifahrersitz saß, schaffte es sogar noch schneller. Ich hatte mir angewöhnt, bei jedem Halt sofort den Motor abzustellen, um Benzin zu sparen, also tat ich es auch jetzt.

Der Halbmond aus Gesichtern starrte uns mit kaltem Blick an. Ich lächelte unsicher und hob zögernd die Hand zum Gruß. Der am nächsten stehende Massai klopfte mit seinem Speer gegen das Fenster.

Er will irgend etwas, dachte ich. Ich hob erneut die Hand. Er klopfte lauter, ärgerlicher, und ich war fast unerträglich angespannt. Diese Konfrontation war beängstigend, aber gleichzeitig aufregend.

Ich holte tief Luft und kurbelte das Fenster halb herunter. Der altbekannte Geruch von verbranntem Holz drang in den Wagen, und ich spürte, wie Wammasai neben mir erstarrte.

Der Massai stieß ein paar Worte hervor. Er wollte irgend etwas. Ich wußte, daß die Massai Cola mochten, aber ich hatte keine dabei. Aus einer Eingebung heraus schraubte ich den Deckel von der Feldflasche und reichte sie durchs Fenster hinaus. Er starrte sie an. Dann ergriff er sie mit seinen langen schwarzen Fingern, schnupperte an der Öffnung und nahm dann einen einzigen Schluck.

Mit unverändert finsterem und vorwurfsvollem Blick reichte er die Flasche an den Mann neben ihm weiter, der ebenfalls einen Schluck nahm und sie dann an den nächsten weitergab. Der letzte Massai hielt Wammasai die Flasche hin, der sein Fenster nur so weit herunterkurbelte, daß sich die Flasche in Querlage hindurchquetschen ließ. Mit ruckartigen Bewegungen schloß er augenblicklich das Fenster wieder.

Ich saß da mit meinem aufgesetzten Lächeln. Dann startete ich den Wagen.

Sie bewegten sich nicht.

Ich schaute auf die Kamera, die neben mir auf dem Sitz lag. Es könnte sie wütend machen, aber es war einen Versuch wert. Ich hob die Kamera langsam hoch und schaute sie mit einem fragenden Lächeln an.

Wie der Blitz verschwanden die acht Massai-Krieger im Busch, so plötzlich, als hätte ich über ihren Köpfen einen Zauberstab geschwenkt. Ich sah Wammasai an und zuckte die Achseln, als ob ich sagen wollte, „Kein Grund zur Aufregung“. Er sah aus, als wäre ihm schlecht.

Nach etwa vierhundert Metern endete der Rinderpfad. Wir hatten den Fuß des mit Felsbrocken übersäten Mount Shombole erreicht. Zu unserer Rechten mündete der Uaso Nyiro in den Natronsee.

Der Fluß war nur anderthalb Meter breit, und ich würde mühelos durchfahren können, wenn ich nur eine Möglichkeit fände, zu ihm hinunterzukommen. Das Ufer fiel so steil ab, daß an eine Durchquerung nicht zu denken war. Wenn ich versuchte, da hinunterzufahren, würde die Front des Wagens senkrecht auf den

Der Mount Shombole zwischen mir und dem Natronsee

Boden prallen. Der Mount Shombole schien ebenso unpassierbar, die Felsbrocken waren so groß wie die Räder des Landrovers. Der Wagen konnte umstürzen. Verdammt! Die Flamingos waren direkt hinter diesem kegelförmigen Berg – und ich würde zu ihnen gelangen.

Ich nahm einen Schluck Wasser aus der Feldflasche und starrte die Felsbrocken am Fuße des Berges an, als könnte ich sie allein durch meine Willenskraft zu Staub zerfallen lassen. Wenn ich den Berg nicht direkt hinauffahren konnte, würde ich es eben schräg versuchen.

Ich gab Gas, und der Wagen machte einen Satz nach vorn, im spitzen Winkel zum Berg. Wammasai stützte sich mit beiden Armen am Armaturenbrett ab. Die Holperfahrt über die Felsbrocken schleuderte uns von einer Seite zur anderen. Meine Hände krallten sich um das wild ruckende Lenkrad.

Die Räder drehten durch, und der Gestank von verbranntem Gummi erfüllte den Wagen. Ich trat die Kupplung durch, gab Vollgas und ließ die Kupplung wieder kommen. Steine prasselten den Abhang herunter, und wir begannen zurückzurutschen, doch dann griffen die Reifen, und der Landrover machte einen Satz nach vorn.

Einige qualvolle Augenblicke später hatten wir einen Kamm erreicht, neben dem sich ein Abgrund auftat. Wir konnten nirgendwohin außer abwärts. Ich schlug das Lenkrad ein, so weit es nur ging, und wir fuhren schräg die andere Flanke des Berges hinunter. Obwohl die Abfahrt schlimmer aussah, war sie doch einfacher. Ich konnte wieder aufatmen.

Vor uns erstreckte sich der Natronsee. Die riesige Wasserfläche reflektierte das Sonnenlicht, direkt auf unsere Windschutzscheibe. Und wieder konnte ich einen vibrierenden rosaroten Horizont ausmachen, der über dem Wasser zu schweben schien – die Flamingokolonie.

Ich hatte gewonnen!

Es war bereits Mittag, mir blieben also noch eine, höchstens zwei Stunden, um den See zu erkunden, dann mußten wir uns auf den Rückweg zum Magadisee machen. In der Dunkelheit zu fahren, wagte ich nicht, weil die Strecken nicht markiert waren. Ich manövrierte den Wagen um den Fuß des Mount Shombole herum und parkte schließlich unter dem einzigen Baum weit und breit, bei dem es sich natürlich wieder um eine Akazie handelte. Vor mir

(Folgende Seite) Der Natronsee ist einer der tückischsten Orte Afrikas

Das Leben ist ein unablässiger Kampf gegen die Elemente

In der unzugänglichen Mitte des Natronsees sind die Flamingos vor ihren Feinden gut geschützt

lagen die riesigen Salzebenen, deren strahlendes Weiß meine Augen schmerzen ließ, obwohl ich eine dunkle Sonnenbrille trug. Doch in nur ein paar hundert Metern Entfernung konnte ich die lange, vibrierende Linie der Flamingos sehen. Sie befanden sich ganz in der Nähe der Stelle, an der ich sie zuerst vom Flugzeug aus gesehen hatte und beinahe abgestürzt wäre.

Sollte ich versuchen, zu Fuß über die Salzebenen zu gehen? Ich erinnerte mich noch gut daran, wie Leslie Brown den Versuch, die Ebenen nur eine Meile von hier entfernt zu Fuß zu überqueren, beinahe mit dem Leben bezahlt hätte. Als er aufbrach, war der kalkige Untergrund seinem Bericht zufolge „so hart und fest, daß ein Flugzeug darauf hätte landen können, doch schon bald bestand die Oberfläche aus schlammigem, rosa Wasser.“ Er schrieb:

„Das Salz hatte vieleckige Platten mit hochgebogenen Rändern gebildet, die aussahen wie riesige Seerosenblätter. Sobald es möglich war, stieg ich auf diese Ränder und versuchte, mich auf ihnen fortzubewegen. Doch sie boten keinen sicheren Halt und hatten Schwachstellen, durch die ich in den darunterliegenden Schlamm einbrach, und je weiter ich vordrang, desto geringer wurde ihre Tragfähigkeit, obwohl die Schollen eigentlich hätten fester werden müssen.“

Brown schleppte sich trotz der schrecklichen Hitze weiter, immer in der Hoffnung auf festeren Boden. Doch statt dessen brach er von Mal zu Mal tiefer in den Schlamm ein. „Die Anstrengung, die erforderlich war, um einen Fuß herauszuziehen, ließ häufig den anderen um so tiefer einsinken.“ Als ihm klar wurde, daß seine Kraft möglicherweise für den Rückweg nicht mehr reichen würde, gab Brown sein Vorhaben, zu den Flamingos zu gelangen, auf. Der Rückweg erwies sich jedoch als noch schlimmer als der Hinweg: als er sich in dem ätzenden Schlamm vorwärtsquälte, drangen kleine Salzpartikel in seine Füße ein. Die Folge war eine schwere Blutvergiftung, die ihn um ein Haar beide Beine gekostet hätte.

Ich schaute über die Salzebenen auf die Flamingos. Sie zogen mich an wie ein Magnet, so daß ich, mich zur Vorsicht mahnend, auf die weiße Oberfläche hinaustrat. Das getrocknete Salz knirschte unter meinen Füßen. Ich mach-

Weinrotes Wasser

Nur selten finden sich zwei Eier in einem Nest

te einen weiteren Schritt. Der Untergrund war fest. Ein weiterer Schritt, dann mehrere. Die unregelmäßig geformten Platten, jede von ihnen etwa 45 Zentimeter breit, gaben mir das merkwürdige Gefühl, über ein riesiges Puzzle zu laufen. Ich ging weiter. Meine Fußsohlen wurden schon bald sehr heiß; die Hitze drang durch die Gummisohlen meiner Tennisschuhe.

Der rosa Horizont schien nicht näherzukommen. Eine leichte Brise wirbelte Salzwölkchen auf, und ich bekam die fiberglasähnlichen Partikel ins Gesicht. Meine Augen brannten, und Ströme von Schweiß liefen an mir herunter. Das Salz verstopfte meine Nase, und ich fühlte es in meinem Mund. Jeder Atemzug schmerzte.

Ich spürte, daß der Untergrund etwas nachgab. Vielleicht hatte ich es mir auch nur eingebildet. Ich machte noch einige vorsichtige Schritte. Tatsächlich, die Platten unter meinen Füßen bewegten sich. Mich trennte nur noch eine dünne Salzkruste von dem darunter liegenden übelriechenden Schlamm. Wenn ich einbrach, würde ich nie wieder herauskommen. Ich trat auf die nächste Platte, und ein dunkler, teeriger Schleim stieg aus der Spalte auf, verteilte sich über die Platte – und bedeckte meinen Fuß. Ich kam mir vor, wie in einem Horrorfilm, doch der von schwarzem Schleim bedeckte Fuß war mein eigener!

Das war weit genug.

Ich schaute hoch; die nächsten Vögel schie-

Wenn der Wasserspiegel zu tief sinkt, verlassen die Flamingos ihr Gelege

Die Altvögel wechseln sich beim Nestbau ab

Die Nahrung der Jungvögel enthält viel rotes Pigment, das ihr Gefieder färbt

Dieses Küken steht zum erstenmal – wenn auch etwas ungeschickt – auf den eigenen Beinen

Sicherheit gibt es nur zwischen den Beinen eines Altvogels

Erst im Alter von zwei bis drei Jahren bekommt das Gefieder seine endgültige Farbe

nen immer noch Hunderte von Metern entfernt zu sein. Vielleicht täuschte aber auch die wabernde Hitze, und sie waren in Wirklichkeit zwei, zehn oder sogar zwölf Kilometer weit weg. Ich machte kehrt und mußte betroffen feststellen, daß ich mindestens anderthalb Kilometer vom Ufer entfernt war. Auf dem Rückweg kam ich mir vor, wie auf dünnem Eis und fürchtete stets, mein Fuß könnte durch die krustige Oberfläche brechen.

Nachdem ich endlich das Ufer erreicht hatte und wieder neben Wammasai stand, der froh war, mich heil zurückzuhaben, warf ich einen letzten Blick auf die Flamingos. Jetzt wurde mir klar, daß dies genau die Stelle sein mußte, an der Leslie Brown versuchte hatte, die Vogelkolonie zu erreichen, und diesen Versuch beinahe mit dem Leben bezahlt hätte. War es nicht eine Ironie des Schicksals, daß genau an dieser Stelle, 25 Jahre später mein Flugzeug bei dem Versuch, näher an die Flamingos heranzukommen, beinahe abgestürzt wäre? Und heute hatte ich es wieder versucht. Ich hatte mir alle erdenkliche Mühe gegeben und konnte einfach nicht an die Vögel herankommen. Vielleicht würde es niemand schaffen, zumindest nicht zu Fuß.

Zu Wammasais Überraschung fing ich an zu lachen. Warum? Weil die Flamingos in Sicherheit waren. Diese zarten rosaweißen Vögel waren vor allen Landraubtieren ebenso sicher wie vor dem Menschen. Sie würden – hoffentlich für immer – in ihrem privaten Schutzgebiet in der Mitte dieses unzugänglichen Sees bleiben und dort auch weiterhin blühen und gedeihen.

Ganz schön clevere Vögel, dachte ich.

Ich machte mich auf den Weg zum Wagen, als mich ein plötzlicher Schwächeanfall erschaudern ließ. Meine Haut war kalt. Ich fürchtete, ohnmächtig zu werden und ließ mich deshalb auf die Knie sinken und stützte mich mit ausgestreckten Armen auf dem felsigen Boden ab. Ich versuchte, wieder aufzustehen, schaffte es aber nicht.

Was war los mit mir?

Während der Brut kommt es öfter zu Revierstreitigkeiten

(Folgende Seite) Ein solches Duell geht niemals tödlich aus

Das gesträubte Gefieder ist ein Teil der aggressiven Verteidigung

7

Ende eines Traumes

Ende

Okay, *Memsahib.*“

Ich öffnete die Augen in der heißen, nach Kaffee duftenden Dunkelheit und hörte, wie Wambugo, mein Lagerkoch, das Plastiktablett unter der Zeltklappe hindurchschob. Das Aroma des Kaffees, das mich bisher jeden Morgen zum Leben erweckt hatte, erfüllte mich heute mit Widerwillen. Ich versuchte, meinen Kopf von der durchgeschwitzten Decke zu heben, aber er war einfach zu schwer. Ich konnte mich nicht bewegen. Ich machte die Augen wieder zu und flüchtete mich zurück in den Schlaf. Langsam umhüllte mich erneut der dunkle Mantel der Träume, dunkel wie die draußen immer noch herrschende undurchdringliche afrikanische Nacht.

„Memsahib?“

Diesmal war es die Stimme von Wammasai, der vor dem Zelt stand. War eine Stunde vergangen? Eine Minute? Er stand irgendwo da draußen mit Kamera und Stativ, bereit, sie zu meiner Tarnwand am Seeufer zu tragen.

„Memsahib?“ wiederholte er, mit einem Anflug von Beunruhigung in der Stimme.

„Nein … nein.“ Ich suchte fieberhaft nach dem richtigen Wort in Suaheli, um ihn fortzuschicken. „Memsahib krank … krank … mgonjwa.“ Geh weg.

Das Scharren seiner Sandalen auf dem Lavagestein entfernte sich.

Während ich wieder einschlief, überlegte ich, warum ich mich nicht bewegen konnte. Was war los mit mir?

Plötzlich hörte ich das Scheppern von Töpfen und Pfannen. Durch die Zeltwand strahlte das Licht der Morgensonne. Wambugo bereitete das Frühstück und pfiff dabei glücklich vor sich hin; ich konnte die verkohlten Kartoffeln riechen, die über dem Lagerfeuer qualmten. Kartoffeln. Das einzige, das ich seit mehr als drei Wochen gegessen hatte.

„Wambugo“, flüsterte ich. Er hielt einen Moment inne, fing dann aber sofort wieder an zu pfeifen und mit seinen Töpfen zu klappern.

„Wambugo“, rief ich. „Psst.“

„Uh“, antwortete er, ohne sein Pfeifen zu unterbrechen.

„Psst.“ Ich war wütend. Doch dann wurde mir bewußt, daß er nicht verstand, was „Psst“ bedeutete. Ich suchte nach meiner dürftigen Liste mit Suaheli-Worten und bemühte mich

eines Traumes

dann verzweifelt, die richtigen Worte zu finden, um ihn zum Aufhören zu veranlassen.

„Memsahib, mgonjwa. Kwenda." Ich bin krank, bitte geh. Ich schob mir schweißfeuchte Haarsträhnen aus dem Gesicht, fiel zurück auf meine Decke und fragte mich, wie krank ich wohl war. Ich hatte mich so vorgesehen – das Massai-Wasser nie getrunken, nie in der größten Hitze gearbeitet und gegessen – ja, was? Das ganze frische Gemüse, das wir mitgebracht hatten, war schon nach zwei Tagen verdorben und die Fleischkonserven nach einer Woche aufgebraucht gewesen. Es war nichts übriggeblieben außer den widerlichen verbrannten Kartoffeln.

Ich hatte mich immer mit dem Gedanken getröstet, daß mein Körper jung genug war, um alles auszuhalten. Und nun war es passiert. Vor einer ernsthaften Erkrankung fürchtete ich mich mehr als vor allem anderen. Was würde passieren, wenn ich nicht mehr aufstehen konnte? Mein winziges Camp lag am Rande des Rift Valley. Niemand wußte, daß ich hier war. Ich war die einzige, die den Landrover nach Nairobi zurückfahren konnte. Wambugo und Wammasai konnten die lange Strecke über das glühendheiße Lavagestein unmöglich zu Fuß zurücklegen.

Ich fühlte mich krank und schwach

Mir ging zu vieles durch den Kopf. Die Hitze – inzwischen waren es 55 Grad – wirkte betäubend auf Körper und Geist. Mein einziger Ausweg war der Schlaf. Am liebsten hätte ich mich für immer in seine dunkle Weichheit geflüchtet.

Draußen hörte ich ein kratzendes Geräusch auf dem Vulkangestein, und dann ein Durcheinander von merkwürdigen Lauten. Was war das?

Ich stützte mich auf einen Ellenbogen. Die Haare klebten mir an Gesicht und Hals, und mein Baumwoll-*kikoy* war schweißgetränkt. Ich atmete schwer: das ungelüftete Zelt war ein Backofen. Der Lichtschein auf der Leinwand zeigte mir, daß es früher Nachmittag sein mußte. Hatte ich so lange geschlafen?

Bilder von der Rückfahrt vom Natronsee flimmerten wie ein Stummfilm durch meinen Kopf: der mit Felsbrocken übersäte Hang des Mount Shombole; das Kratzen toter Akazienzweige am Landrover; die rasende Fahrt bergab und schließlich das Camp und das Zelt, in dem ich zusammenbrach. Die Krankheit ...

Wieder das kratzende Geräusch und die merkwürdigen Laute.

Was war das? Mit einer Hand öffnete ich die Zeltklappe. Die heiße, aber frische Luft machte meinen Kopf klarer. Draußen waren mehr als hundert struppige braunweiße Ziegen, deren Hufe über das Gestein klapperten und deren Gemecker die Luft erfüllte. Ein großer, finsterer Massai-Hirte stand auf einem Bein da und beobachtete, wie die neugierigen Ziegen das Camp durchstöberten.

Wambugo war sofort an meiner Seite, nickend, beunruhigt und mit einer Tasse Kaffee in der Hand. „Okay, *Memsahib?*"

Ich nippte an dem schwarzen Gebräu. „Okay, Wambugo", leerte schnell die Tasse, kam mühsam auf die Beine und schleppte mich dann zu meinem Stuhl auf der Veranda. Wambugo eilte davon und kam kurz darauf mit einer weiteren Tasse Kaffee wieder. Das half, mein Blick wurde klarer, doch mir tat immer noch alles weh, und ich fühlte mich, als wäre ein futtersuchender Elefant auf mir herumgetrampelt. Ich brauchte dringend etwas zu essen – und zwar etwas anderes als verkohlte Kartoffeln.

Eine Ziege streifte meinen Arm. Sie stank furchtbar, nach Mist und Staub. Ich schnappte nach Luft, mir drehte sich der Magen um, und ich stieß das Tier von mir. Nein, warte – die Ziege. Fleisch? Ich brauchte Fleisch, um wieder zu Kräften zu kommen. Meine Gedanken überstürzten sich: eine Ziege kaufen; Wammasai konnte sie schlachten, und Wambugo würde das Fleisch kochen oder trocknen. Natürlich, sie waren Farmer, sie würden wissen, was zu tun war. Wie sah es mit Geld aus? Hatte ich genug Kenia-Schillinge?

Wambugo reichte mir eine weitere Tasse Kaffee. Ich schob ihm Scheine im Wert von etwa zwei Dollar in die Hand, legte voller Widerwillen der Ziege die Hand auf den Kopf und deutete dann auf den Massai-Hirten. Wambugo nickte eifrig und näherte sich dem Massai. Wambugo gab sich alle Mühe, seine Unsicherheit zu verbergen, äußerte ein paar gutturale Laute, winkte mit den Scheinen und zeigte auf eine kleine weiße Ziege.

Der Massai starrte voller Verachtung auf das Geld und sagte irgend etwas Grobes zu Wambugo, der daraufhin einige Schritte zurücktrat und mich fragend ansah. Mit einer schlappen Bewegung winkte ich ihn zurück zu dem Massai. Wambugo wiederholte das Angebot. Der Hirte runzelte die Stirn. Wambugo schaute erneut zu mir, und seinem Gesicht war deutlich die Frage „Was nun?" zu entnehmen.

Es würde nicht leicht werden.

Ich hielt einen weiteren Zehnschilling-Schein hoch, griff nach den beiden letzten Coladosen, stellte sie mit einiger Mühe auf den Verandatisch und bedeutete dem Massai durch ein Handzeichen, daß sie im Angebot eingeschlossen waren.

Der Massai betrachtete die Dosen, das Geld – und mich. Er runzelte die Stirn. Ich zog noch ein paar zerknitterte Scheine hervor und schob sie in Wambugos Hand. Der Massai schaute flüchtig auf das Papier, stieß ein paar mürrische Worte hervor, verschränkte die Arme und richtete dann seinen Blick hochmütig auf den Horizont.

Nicht genug, daß wir um eine stinkende Ziege feilschen mußten, wir wurden auch noch beleidigt. Verbittert klatschte ich noch ein paar Scheine in Wambugos Hand – inzwischen waren es etwa zehn Dollar, alles, was ich noch besaß –, warf dem Massai einen durchbohrenden Blick zu und drehte ihm dann den Rücken zu. Mehr konnte ich nicht tun; ich wünschte mir nichts sehnlicher als das Ende dieser Feilscherei, damit ich endlich wieder schlafen konnte.

Die Ziege des Massai hat mir vermutlich das Leben gerettet

Erschöpft schloß ich die Augen und dachte: „Schlag ein, oder laß es bleiben."

Schweigen. Dann: *„Memsahib?"* Wambugos Stimme klang hoffnungsvoll. Ich wendete den Kopf und sah den unerschütterlichen Massai kaum wahrnehmbar nicken.

Ich hatte gefeilscht – und gesiegt.

Mit Wambugos Hilfe stand ich auf, ging mit weichen Knien zu dem Massai hinüber, der die Hand aufhielt, und legte das Geld in seine rissige Hand. Die langen schwarzen Finger mit den schmutzigen Nägeln ballten sich zur Faust, die die Geldscheine verächtlich zusammen knüllte. Sein Körper verschwamm vor meinen Augen, und ich wäre ihm beinahe vor die Füße gesunken. Ich schaffte es gerade noch, zum Zelt zurückzukommen und auf meine Decken zu fallen.

Als ich etliche Stunden später wieder aufwachte, hingen Streifen frischen Ziegenfleisches zum Trocknen auf der Leine – neben meiner Unterwäsche. Wambugo brachte mir strahlend mehrere Streifen halbtrockenen Ziegenfleisches, die zwischen seinen Fingern herunterhingen. Ich betrachtete das Fleisch genau, denn es hatte einen verdächtigen, grünlich-silbrigen Schimmer. Das konnte ich nicht essen! Ich bedeutete Wambugo, das Fleisch über dem Feuer zu räuchern.

Nach einer Stunde in der Hitze und dem Rauch waren die Fleischstreifen dunkelbraun getrocknet. Ich beobachtete Wammasai und

Wambugo, die voller Hingabe das zähe Fleisch verzehrten, und steckte dann zögernd selbst einen Bissen in den Mund und kaute. Und schluckte.

Ich erwachte am nächsten Morgen, zwar immer noch schwach, aber am Leben! Nach mehreren Tassen von Wambugos starkem Kaffee stand ich auf und ging etwas herum. Es ging mir gut, meine Knie waren zwar noch weich, aber es ging mir gut. Vielleicht hatte das Fleisch geholfen, vielleicht aber auch der Schlaf, zwei Nächte und ein Tag. Die Wochen in der Hitze hatten mich erschöpft, der Ausflug zum Natronsee, die furchtbare Fahrt über den Mount Shombole, die schreckliche Wanderung über den Salzsee hatten ihren Tribut von meinem Körper gefordert. Doch nun kehrte meine Kraft zurück.

An diesem Nachmittag saß ich im Schatten meiner Veranda und rekapitulierte, was ich auf dieser Safari erreicht hatte: wie viele Filme ich

Ich setzte den Patienten in einen Karton

Der Jungvogel wirkte sehr zerbrechlich

belichtet, welche Ereignisse und Naturschönheiten ich im Bild festgehalten und wieviel ich über Flamingos gelernt hatte. Es war genug, dachte ich und schloß die Augen. Es war mehr, als ich mir vorgestellt hatte. Wir würden am nächsten Tag das Lager abbrechen.

Wammasais aufgeregter Ruf *„Memsahib, Memsahib“* riß mich aus meinem Nachmittagsschlaf.

War eine neue Katastrophe hereingebrochen? Vor meinem Zelt standen Wambugo und der aufgeregte Wammasai. Wammasai ergriff meinen Arm und zog mich zum Landrover hinüber. Er öffnete die hintere Tür und wartete voller Stolz darauf, daß ich in den Wagen schaute.

Ich sah mich einem jungen Flamingo gegenüber. Er gab ein paar aufgeregte Pieptöne von sich und flatterte ungeschickt auf die offe-

Ein behelfsmäßiges Heim für eine Nacht der Beobachtung

ne Tür zu. Ich versperrte ihm den Fluchtweg mit meinem Körper, schloß die Wagentür und wandte mich dann seinem Fänger zu.

Wammasai reckte die stolzgeschwellte Brust, bereit, eine Ehrenmedaille entgegenzunehmen, verliehen für die Opferung seiner wertvollen Zeit auf dem Feld der Flamingoforschung. Entweder war es das, oder es war seine Art „Gute Besserung“ und „Herzlichen Glückwunsch“ gleichzeitig zu sagen. Ich wollte ihm den ruhmvollen Augenblick auf keinen Fall verderben. „Sehr, sehr gut“, lobte ich also voller Enthusiasmus.

Im Stillen dachte ich, prima, jetzt hat er ein Flamingoküken gefangen, und was soll ich damit anfangen? Ich konnte es nicht nach Nairobi mitnehmen, denn die Fahrt würde es wohl nicht überstehen. Wenn der Vogel aber so langsam war, daß Wammasai ihn fangen konnte, war er möglicherweise verletzt. Das Vernünftigste war vermutlich, den Vogel den

Wammasai errichtet das Gehege auf einer Schlammbank

Rest des Tages unter Beobachtung zu halten und abzuwarten, wie kräftig er am nächsten Morgen war. Außerdem war er Wammasais Trophäe, ich konnte ihn also nicht wieder freilassen, ohne ihn vorher ein wenig zu „bedoktern“.

Mit Hilfe vieler Gesten brachte ich meine beiden Eingeborenen dazu, Stöcke für eine Schutzhütte zu sammeln. Während sie die Enden anspitzten, flocht ich eine kleine Grasmatte. Wir trugen etwa fünfzig angespitzte Stöcke und die Matte hinunter zum Ufer und zäunten dort ein Quadrat von etwa 1,20 Meter Seitenlänge ein. Ich hatte einen Platz gewählt, an dem der Flamingo aus einer Süßwasserquelle trinken konnte, aber auch an den Salzsee kam, um dort zu fressen. Es gab sogar eine Schlammbank, auf der er ruhen konnte. Nicht schlecht für ein Landhaus am Strand, dachte ich, als wir die Stöcke in den Boden stießen und die schattenspendende Grasmatte darüberlegten.

Ich hielt die Flügel des Jungvogels dicht an seinen Körper gedrückt und trug ihn mit ausgestreckten Armen vor mir her, wobei seine Beine herunterbaumelten und er den gebogenen Hals nach hinten wendete, um mich zu beißen. Er machte einen ganz gesunden Eindruck. Zuerst wunderte sich der junge Flamingo zwar über sein neues Heim, doch schon bald tauchte er den Schnabel ins Wasser, fraß und trank.

Am nächsten Morgen war es kaum hell geworden, als wir drei in den Unterstand schauten und mit glücklichem Piepen und Quaken begrüßt wurden. Der Flamingo hackte nicht einmal nach mir, als ich ihn aus der Umzäunung hob und ihn im flachen Wasser absetzte. Dort blieb er einen Moment stehen, bis er merkte, daß er frei war, piepte dann laut und rannte auf seinen mit Schwimmhäuten bespannten Füßen flügelschlagend über das Wasser – nach Hause.

Wir gingen zum Lager zurück, Wammasai und Wambugo bauten das Zelt ab und verstauten es im Landrover, und ich sammelte meine Filmkästen ein. Als ich den letzten Kasten anhob, sauste die kleine Maus, mit der ich während des letzten Monats mein Zelt geteilt hatte, unter einen Lavabrocken. Jede Nacht, wenn ich die Maus irgendwo knabbern hörte, war mir behaglich zumute gewesen. Sie hatte mir geholfen, die Einsamkeit zu ertragen.

Die Maus huschte aus dem dürftigen Schatten des glühendheißen Felsbrockens in den nächsten, hielt kurz inne, atmete hastig und machte sich dann auf die Suche nach einem anderen Unterschlupf, der ihr Schutz bot vor der glühenden Hitze. Ich hatte ihr den Schatten und Komfort meines Zeltes genommen. Jetzt gab es für sie keinen kühlen und sicheren Platz mehr. Ich schaute der verzweifelten kleinen Kreatur nach, als sie durch den Staub davonhuschte.

„Leb wohl“, sagte ich leise und ging schnell zum wartenden Landrover hinüber.

Hinter mir ertönte das altvertraute Rascheln von Federn, als sich Tausende von Flamingos in die Luft schwangen.

Ich schaute nicht zurück.

Ich schaute hinab
auf die immer grösser werdenden Ringe
im Wasser
und erblickte mein eigenes Spiegelbild.
Nach einem Monat in Afrika
war meine Arbeit beendet

Anhang

Die Flamingos werden gewöhnlich mit den Stelzvögeln, zu denen Reiher, Störche und Ibisse gehören, der Ordnung *Ciconiiformes* zugerechnet. Anderen Wissenschaftlern zufolge bilden sie eine eigene Ordnung *(Phoenicopteriformes)* und die Familie der *Phoenicopteridae.*

Phoenicopterus, der Gattungsname der in diesem Buch erwähnten Rosaflamingos, kommt aus dem Griechischen und bedeutet roter Flügel. Die Artbezeichnung *ruber* bedeutet rot, und die Bezeichnung der Unterart *roseus* bedeutet rot oder rosa.

Es gibt sechs Arten von Flamingos. Allerdings herrscht Uneinigkeit darüber, ob alle sechs wirklich eigenständige Arten bilden, oder ob manche als Unterarten zu betrachten sind.

Rosaflamingo *Phoenicopterus ruber roseus*
Der Rosaflamingo ist wesentlich blasser gefärbt als die anderen Arten; bei ihm sind Körper, Hals und Kopf weiß mit einem rosa Schimmer. Das leuchtendste Rot findet sich am hinteren Flügelrand. Die Schnabelspitze ist schwarz, der Rest hellrosa; dieses Hellrosa geht auch auf den Kopf über und umgibt die gelben Augen. Die Beine sind leuchtend rosa.

Der männliche Rosaflamingo ist 1,50 Meter hoch und größer als der weibliche. Männchen wiegen zwischen 3,5 und 4,5 Kilogramm, Weibchen etwa ein Kilogramm weniger. Der Rosaflamingo hat von allen Flamingos das größte Verbreitungsgebiet, denn er ist im Mittelmeerraum ebenso anzutreffen wie in Afrika und zieht oft von einer dieser Regionen in die andere.

Zwergflamingo *Phoeniconaias minor*
Der Gattungsname *Phoeniconaias* läßt sich übersetzen mit „rote Wassernymphe". *Minor* bedeutet klein.

Der Zwergflamingo ist die kleinste Art. Die Geschlechter unterscheiden sich kaum voneinander. Aufrecht stehend ist das Männchen etwa neunzig Zentimeter hoch, das Weibchen etwas kleiner. Kopf und Hals des ausgewachsenen Zwergflamingos weisen ein dunkleres Rosa auf als die des Rosaflamingos. Rücken und Flügel sind leuchtend rot. Der Schnabel ist dunkelrot, fast schwarz, und reicht bis an die Augen. Die Beine sind leuchtend rot. Der Zwergflamingo lebt fast ausschließlich in Afrika, vor allem im Rift Valley. Angehörige dieser Art wurden jedoch auch in Indien und im Süden des Roten Meeres gesehen. Der Zwergflamingo ist die zahlenmäßig größte Art.

Roter Flamingo *Phoenicopterus ruber ruber*
Der Rote Flamingo ist, wie schon der Name *ruber ruber* andeutet, die am auffälligsten gefärbte Art. Das Gefieder ist fast völlig rot, mit tief orangeroten Akzenten. Ausgewachsene Männchen und Weibchen sehen fast gleich aus, doch das Männchen ist bis zu zwanzig Prozent größer. Das Männchen ist etwa 1,50 Meter groß, mit einer ebenso großen Flügelspannweite. Die Männchen wiegen zwischen 3,5 und 4,5 Kilogramm, die Weibchen etwa ein Kilogramm weniger. Der Rote Flamingo lebt nur auf den Westindischen Inseln und auf den Galapagosinseln im Pazifik.

Andenflamingo *Phoenicoparrus andinus*
Der Andenflamingo ist etwa ebenso groß wie der Rosaflamingo. Er wirkt schwerer, was aber an seinem sehr dichten Gefieder liegen könnte.

Kopf, Hals und Oberbrust ausgewachsener Tiere sind weinrot, wodurch sich die Andenflamingos deutlich von den anderen Arten unterscheiden. Der Schnabelansatz ist gelb, die Spitze schwarz. Zwischen beiden Nasenlöchern befindet sich ein roter Fleck. Die Iris ist orangebraun. Der Andenflamingo ist die einzige Art mit gelben Beinen und Füßen. Er lebt vorwiegend in einem kleinen Gebiet auf den Hochebenen der Anden, ist aber auch im Süden von Peru, im nördlichen Chile und in Teilen von Bolivien und Argentinien anzutreffen.

Chileflamingo *Phoenicopterus chilensis* (manchmal auch als *Ph. ruber chilensis* bezeichnet)
In Größe und Farbe ähnelt der Chileflamingo dem Rosaflamingo, ist aber etwas kleiner. Ausgewachsene Tiere haben ein hellrosa Gefieder, das zum Kopf hin zu Weiß verblaßt. Die langen Rücken- und Schwanzfedern sind Karminrot. Das Schwarz des Schnabels geht in ein helles Rosa über. Die Beine sind grau mit leuchtend rosa „Knien" und Füßen. Der Chileflamingo ist in Südamerika die am weitesten verbreitete Art und fast überall auf diesem Kontinent anzutreffen.

Kurzschnabelflamingo *Phoenicoparrus jamesi*
Der Kurzschnabelflamingo ist kaum größer als der afrikanische Zwergflamingo, und damit kleiner als die anderen südamerikanischen Arten. Sein weißgrundiges Gefieder weist auf der Brust rosafarbene und rote Flecken auf. Beine und Füße sind orangerot. Besonders farbenprächtig ist der Schnabel: gelborange und schwarz mit einem karminroten Streifen, der sich zu den Augen hinzieht. Das Hauptverbreitungsgebiet des Kurzschnabelflamingos sind die hoch in den Anden gelegenen Salzebenen, doch er ist auch im äußersten Süden von Peru und in Bolivien, Chile und Argentinien heimisch.

Ausgewählte Literatur

Beard, Peter. *The End of the Game.* San Francisco: Chronicle Books, 1988
Brown, Leslie. *The Mystery of the Flamingos.* Nairobi: East African Publishing House, 1973
Isak Dinesen (Karen Blixen). *Out of Africa.* New York: Vintage Books, 1985; dt. unter dem Titel *Afrika – dunkel lockende Welt.* Manesse Bibl. der Weltliteratur, 15. Aufl. 1988
Markham, Beryl. *West With the Night.* Berkeley: North Point Press, 1983; dt. unter dem Titel *Westwärts mit der Nacht.* München, Goldmann, 1987
Ogilvie, Malcolm und Carol. *Flamingos.* Gloucester: Alan Sutton Publishing Limited, 1986
Saitoti, Tepilit Ole und Beckwith, Carol. *Massai.* New York: Harry M. Abrams Inc., 1988

Danksagungen

Mein herzlicher Dank gilt Dr. Allan Johnson vom *Institute of Biology Nature Reserve* in der Camargue, der so freundlich war, mein Manuskript zu lesen, und mir gestattete, das Foto auf Seite 82–83 zu verwenden. Sehr dankbar bin ich auch Jorg Hess und Adelheid Studer, die ihre Forschungsergebnisse über das Verhalten der Flamingos großzügig mit mir teilten und mir bei der Niederschrift dieses Buches halfen.

Zu immerwährendem Dank verpflichtet bin ich meiner Freundin Roberta Montgomery Fonville, von der ich lernte, wie man als Frau in Afrika lebt. Weiterhin danke ich meinem Lektor Cork Milner und Tom Lewis, der für die graphische Gestaltung zuständig war.

Mein Dank gilt aber auch noch anderen Menschen, die mir geholfen haben: Donna Humberd, Ivan Kronja, Richard Breitung, George Tamas, Kurt Borer, Linda Hardcastle, Bill Downey, Shayla Waite, Don Humberd, James Beckett, Steve Rahm, Armando Flores, Christine Liotta und Sindie Sardo.

Ganz besonders danke ich Robert Morton von Abrams, ohne dessen Unterstützung dieses Buch nicht zustandegekommen wäre.